Gerhard von Breuning

Aus dem Schwarzspanierhause

Erinnerungen an L. van Beethoven aus meiner Jugendzeit

Gerhard von Breuning

Aus dem Schwarzspanierhause

Erinnerungen an L. van Beethoven aus meiner Jugendzeit

ISBN/EAN: 9783743391475

Hergestellt in Europa, USA, Kanada, Australien, Japan

Cover: Foto ©ninafisch / pixelio.de

Weitere Bücher finden Sie auf **www.hansebooks.com**

Aus dem

Schwarzspanierhause.

Erinnerungen

an

L. van Beethoven aus meiner Jugendzeit.

Von

Dr. Gerhard von Breuning.

———

Mit einem bisher unveröffentlichten Portrait-Medaillon Beethoven's nach Harneman
vom Jahre 1802 und einer Ansicht des Schwarzspanierhauses.

———

Wien 1874.
Verlag von L. Rosner.

Meinen Kindern

Gerhard, Constanze und Emma

in treuer Erinnerung

erzählt und zugeeignet.

— — —, ach, es dünkte mir unmöglich, die Welt eher zu ver=
lassen, bis ich das Alles hervorgebracht, wozu ich mich aufgelegt fühlte.

Beethoven: Heiligenstädter Testament,
6. October 1802.

Natur will Leben nur! Was lebt, gleichviel!
Sie rechnet nur mit großen runden Zahlen
Und streicht uns, ob's als Ziffer ihr gefiel,
Ob nur als leere Null, uns hinzumalen.
Dahin, vorbei! —

Friedrich Halm: „Dahin"!

Vorwort.

Im Laufe der Jahre hatte ich zu verschiedenen Malen begonnen, meine Erinnerungen aus der mit Beethoven verlebten Zeit und das von meinem kurz nach Beet= hoven verstorbenen Vater über ihn Vernommene auf= zuzeichnen; die Zusammenstellung dieser Bruchstücke aber zu einem Ganzen unterblieb immer wieder.

So nahte das Jubeljahr 1870 heran, und es drängte mehr denn je, mein Vorhaben auszuführen; doch auch dies Mal war ich an dessen Ausführung verhindert. — Der Tod entriß mir am 11. März desselben Jahres meinen jüngeren Sohn, im Beginne des 19. Lebensjahres und geistvollster Entfaltung! — —

Seitdem ward das 100=jährige Geburtsfest in Wien großartig begangen; und Jahres darauf in Bonn, zur gleichen Feier, Beethoven's mit Begeisterung aufgeführten Meisterwerken von den aus allen Gauen hinzugeströmten Verehrern des Titanen zugejubelt.

Zu diesem Bonner Feste hatte ich folgende Einladung erhalten:

Bonn, den 8. Juli 1871.

„Hochgeehrter Herr!

„Im vergangenen Jahre hatte sich das ergebenst „unterzeichnete Comité die Ehre gegeben, Sie zu dem „beabsichtigten hundertjährigen Geburtsfeste Beethoven's „einzuladen. Leider war die Abhaltung des Festes durch „den plötzlich hereinbrechenden Krieg unmöglich. Wir „haben aber unter Beibehaltung des vorigjährigen Pro= „grammes jetzt nach glorreich erlangtem Frieden die Ab= „haltung des Beethovenfestes an den in dem beiliegenden „Programme näher angegebenen Tagen beschlossen und be= „ehren uns, unsere Einladung vom vorigen Jahre hier= „durch zu erneuern. Wir würden großen Werth darauf „legen, wenn Sie unsere Einladung anzunehmen die Güte „haben wollten, da es bei einem Beethovenfeste einen „eigenen Reiz ausüben wird, unter den Ehrengästen „Personen zu sehen, die selbst unmittelbar oder mittelbar „dem großen Heros, zu dessen Ehre das Fest Statt finden „wird, auch persönlich nahe gestanden haben. Doppelt „erfreulich wäre dies aber gerade für uns, da in dem „Hause Ihrer geehrten Familie hier in Bonn dem jungen „Beethoven die ersten Lichtpunkte die trübe Jugendzeit „erhellten.

„Wir verbleiben mit vorzüglichster Hochachtung, in
„der Hoffnung auf eine gütige Zusage,

Das ergebenste Festcomité

a a

Der Vorsitzende:

Kaufmann,
Oberbürgermeister.“

Diese mir speciell gewordene schmeichelhafte Ein=
ladung und zuvorkommendste Aufnahme von Seiten des
Bonner Festcomité's verfehlten nicht, mich zu überzeugen,
daß die Verbindung meiner Voreltern und meiner selbst
mit Beethoven, wenn ich davon nähere Mittheilung
machen würde, für Manchen nicht ohne Interesse sein
dürfte, ja die Veröffentlichung meiner Berührungen mit
Beethoven nunmehr eine Art Verpflichtung für mich sei,
die ich dem seltenen Glücke, jenem Genius so nahe ge=
standen zu haben, und dem freundlichen Entgegenkommen
des Bonner Festcomité's schulde. Dennoch verzögerte
sich die Vollendung und Herausgabe der Schrift bis heute,
da anderweitige Beschäftigungen vielfach hinderlich da=
zwischentraten.

Wenn diese hier veröffentlichten Mittheilungen im
Stande wären, das Interesse der Leser rege zu erhalten,
so ist ihr Zweck erreicht, und ich werde mich freuen;

jebenfalls aber werden biefe Zeilen Zeugniß davon ab=
legen, baß Wegeler in feinem „Nachtrag" Wahres ge=
fprochen, als er fchrieb: „bas Andenken Beethoven's
lebt in ber Familie (Breuning) fort."

Wien, im Sommer 1874.

Dr. von Breuning.

Im August 1825 hatte ich das Glück, bei einem nach=
mittägigen Spaziergange mit meinen Eltern Beethoven
kennen zu lernen. — Wir durchschritten die um die innere
Stadt Wien laufende, dessen Glacis durchschneidende, Allee
und befanden uns eben zwischen dem Kärnthner= und Karo=
linenthore, durch welches mein Vater nach seinem Bureau
einzubiegen gedachte, als wir einen einzeln gehenden Mann
stramm auf uns zukommen sahen; welcher Begegnung, kaum
wir einander ansichtig geworden, ungewöhnlich, freudigste Be=
grüßung von beiden Seiten folgte.

Sein Aussehen war kräftig, die Statur mittelgroß, sein
Gang energisch, wie seine lebhaften Bewegungen; der Anzug
so wenig elegant als eben bürgerlich, und doch lag ein Etwas
in seiner Gesammtheit, das in keine Rangordnung paßte.

Er sprach fast ohne Unterbrechung, nach unserem Be=
finden, unserer jetzigen Lebensweise, nach den Verwandten am
Rheine und vielem Anderen sich erkundigend, erzählte —, ohne
erst viel auf Antwort zu warten, warum ihn mein Vater so
lange nicht besucht habe, u. a. m. —: daß er vor Längerem in
der Kothgasse, kürzlich in der Krugerstraße gewohnt, Sommers
über aber jetzt in Baden weile; mit besonders freudiger Hast
aber theilte er mit, daß er bald — Ende Septembers — in

1

unsere unmittelbare Nachbarschaft: das Schwarzspanierhaus (wir wohnten in dem rechtwinkelig gegenüberstehenden fürst= lich Eszterházy'schen Rothen Hause) ziehen werde, welche Mittheilung gesteigertes Interesse hervorrief; daß er dann recht oft und viel mit uns wieder zu verkehren gedenke; er= suchte gleich meine Mutter, dann seine sehr schlecht bestellte Hauswirthschaft endlich einmal zu ordnen und dann fortan überwachen zu wollen, u. s. f. — Mein Vater, wenn auch seltener zu Wort kommend, sprach dann immer auffallend laut und deutlich, dabei lebhaft gesticulirend, und unter herzlichsten Versicherungen, nun bald recht oft mit ihm zusammen kommen zu können und zu wollen, ward für heute Abschied genommen.

Der gegen meine Eltern oft ausgesprochene Wunsch: Beethoven kennen zu lernen, war endlich erfüllt, und mit jugendlichem Ungestüm zählte ich die Tage, die mich in er= sehnte nahe Berührung mit dem mir so häufig genannten be= rühmten Jugendfreunde meines Vaters bringen sollten. —

Beethoven und mein Vater waren seit mehreren Jahren seltener zusammengekommen; anfangs in Folge eines Zerwürf= nisses ernsterer Art (siehe später), nach erfolgter Aussöhnung aber ließen die vielfachen wechselseitigen Beschäftigungen den früheren lebhaften Verkehr nicht so leicht wieder aufkommen, um so mehr als Beethoven's häufiger Wohnungswechsel und vielfach unstäte Lebensweise mitunter ein oft beabsichtigtes Aufsuchen und Finden erschwerten. Trotz dieser Unter= brechungen waren aber die wechselseitigen Beziehungen die= selben geblieben, wie sie aus frühester Jugend innig bestanden hatten*), und — so greife ich nun weiter zurück, um den

---

*) Beethoven schreibt an Wegeler am 7. Oct. 1826 (s. Wegeler und Ries's biographische Notizen, Coblenz 1838, bei Bädeker, S. 49): „— — — Ich erinnere mich aller Liebe, die Du mir stets bewiesen hast; — — —. Ebenso von der Familie Breuning.

Leser so viel als zum besseren Verständnisse erforderlich, mit dem für Beethoven so einflußreichen Familienleben im elterlichen Hause meines Vaters vertrauter zu machen.

In mein großelterliches Haus in Bonn kam als so zu sagen täglicher Gast ein älterer General, ein vertrauter Freund der Familie. Es war dieß Baron Ignaz de Cler, Gouverneur der Stadt. War es nun zur Frühstückszeit oder des Abends; er kam stets als mündliche Zeitung der vorgefallenen Stadtgeschichten und Neuigkeiten überhaupt. Einstens, es war am 13. Januar 1777, trat er mit auffallend verstörter Miene in das Zimmer, und mehr als sonst in sich gekehrt setzte er sich, nachsinnend, beide Hände über den Krückenstock kreuzend. Sein Aussehen ließ auf eine ungewöhnliche Begebenheit schließen, und selbstverständlich fehlte es nicht an Drängen von Seiten der Anwesenden, die Ursache seiner Verstimmung angeben zu mögen.

„Eine sonderbare Meldung", begann er endlich zu erzählen, „wurde heute mir gemacht. Die Schildwache, welche in der Nacht von 12 bis 1 Uhr im Hofe von Buenretiro auf Posten gewesen, mußte in's Lazareth gebracht werden. Die Ablösung hatte den armen Menschen ohnmächtig gefunden. Auf der Wachstube und heute morgens vor meinem Adjutanten gab er an: auf Posten kaum gestellt, habe er bemerkt, wie der bis dahin trübe Himmel sich aufheitere. Immer klarer sei es an einer Stelle des Firmamentes oberhalb des Schlosses geworden, bis aus der entstandenen Wol-

---

Kam man von einander, so lag das im Kreislauf der Dinge; jeder mußte den Zweck seiner Bestimmung verfolgen und zu erreichen suchen. Allein die ewig unerschütterlichen Grundsätze des Guten hielten uns dennoch immer fest zusammen verbunden — — —." —

kenlücke endlich ein feueriger Regen auf das Schloß herab
sich ergoß. Ohne übrigens zu zünden, habe dieser Feuer=
regen wohl zehn Minuten angehalten. Darnach aber wurde
es wieder dunkel um ihn, und die Wolkenlücke schloß sich.
Aber es zertheilten sich die Wolken gleich darauf zum anderen
Mal, und deutlich habe er nun auf des Himmels blauem
Hintergrunde einen größeren eleganten Sarg und um diesen
rundum sieben kleinere ärmlicher ausgestattete erblickt. Ob
dieser Erscheinung sei er, von Schrecken übermannt, in Ohn=
macht gefallen." — „„Das ist mein Sarg"", sagte Emanuel
Josef v. Breuning (mein Großvater) höchst befremdender
Weise, als der General seine Erzählung geendet hatte. —
Die Anwesenden sahen sich ob dieser so unerwarteten als
eigenthümlichen Aeußerung erstaunt an, und, obgleich man
bemüht war, sowol meinem Großvater als sich selbst die Ge=
haltlosigkeit solcher Bemerkung darzulegen, vermochte die Ge=
sellschaft doch nicht mehr sich einer gewissen Verstimmung zu
entäußern, und man ging minder heiter als gewöhnlich aus=
einander.

Zwei Tage darnach, am 15. Januar, brach in dem der
Stadt zugewandten Theile des churfürstlichen Schlosses, das
außer vielen Kunstschätzen auch Archive und Bureaux barg,
ein verheerendes Feuer aus. Auf die Kunde von demselben eilte
mein am nahen Münsterplatze wohnender Großvater hinzu, um
— als churfürstlicher Hofrath — aus seiner Kanzlei von den
Akten das Wichtigste zu retten. Zwei Mal war es ihm ge=
lungen, Stöße jener Schriften aus den brennenden Räumen
eigenhändig heraus zu fördern, und ein drittes Mal hatte er
mit gleicher Last bereits des Schlosses Thor erreicht, als
dem fast schon wieder Geborgenen ein brennend einstürzendes
Gebälke das Rückgrath zerschmetterte. Er starb anderen
Tages nach noch einigen qualvoll vollbrachten Stunden. Ge=

boren am 11. October 1740, zählte er erst 36 Jahre.
Außer ihm waren noch sieben Arbeiter bei dem Brande um=
gekommen. — Die Vision der Schildwache und die Ahnung
meines Großvaters hatten sich erfüllt. An St. Florian's
Kapelle aber hatte sich, wie 1689, die Flamme gewendet,
und ist der durch sie geschützte Buenretiro auch 1777 unver=
sehrt geblieben.

Diese „eigenthümliche, durch das zuverlässigste Zeugniß
bewährte Geschichte" wird im Rheinischen Antiquarius (Mittel=
rhein, I. Abtheilung, 4. Band, Coblenz, 1856, bei Hergt)
durch Chr. v. Stramberg — in vielleicht etwas ausgeschmück=
ter Weise — erzählt bei Gelegenheit der Erwähnung eines
Bildes der heil. Agathe, welche man in den Rheingegenden
als Fürbitterin gegen Feuersgefahr besonders verehrt, aus
demselben Grunde, wie „St. Florian's Namen hoch in Ehren
gehalten wird, zumal derselbe nicht nur 1689, sondern zum
anderen Mal 1777 in der Erhaltung der St. Florian's=Kapelle
und des ihr anstoßenden Theiles des Schlosses zu Bonn
seine Wirksamkeit bewährt hat." —

Nun, die Kapelle und Buenretiro blieben erhalten und
vor ihnen hatte sich des Feuers zerstörende Gewalt abgewandt,
mein Großvater und die sieben thätigen Arbeiter hingegen
waren dem über sie hereingebrochenen Unglücke erlegen.

Wie ich diese Begebenheit hier erzählt habe, so habe ich
sie wiederholt aus dem Munde meiner Angehörigen vernom=
men. Auch erinnerte sich noch in weit späteren Jahren ein
Graf Haßfeld bei einer zufälligen Begegnung mit meinem
Vater im Vorzimmer des Reichskanzlers Fürsten Metter=
nich jener Katastrophe, nach welcher er die acht aufgebahrten
Leichen selbst gesehen, gleichwie des außergewöhnlichen Auf=
sehens, das damals dieses Ereigniß in Bonn verursacht
hatte.

Daß der unerwartete Verlust eines erst 36 Jahre alten Vaters für eine Familie überhaupt, und so auch im gegebenen Falle einen gänzlichen Umschwung der Verhältnisse, trotz ihrer Wohlhabenheit*), erzeugen mußte, ist begreiflich.

Die nunmehr verwitwete Hofräthin Helene v. Breu= ning, Tochter des churfürstlichen Leibarztes Stefan Kerich, zählte erst 26 Jahre; von ihren Kindern war

Christof am 13. Mai 1771 in Bonn geboren,

Eleonora Brigitte am 23. April 1772 daselbst,

Stefan (mein Vater) — üblicherweise „Steffen" ge= nannt — auch daselbst, am 17. August 1774**), welchem

Lorenz — kurzweg „Lenz" — erst nach seines Va= ters Tode, demnach gar als posthumus, folgte.

Die Witwe blieb fortan, vorbehaltlich zeitweiligen länge= ren oder kürzeren Aufenthaltes bei ihrem Schwager in Kerpen (einem Dorfe zwischen Cöln und Aachen) oder bei ihrer Schwester Margarethe von Stockhausen in Beul an der Ahr (jetzt Mineralbad Neuenahr), bis zum Jahr 1815 in dem Familienhause zu Bonn. Es ist dasselbe, das, mit seinen Vorgittern und dem von seinem Erbauer Cardinal Barmann über der Eingangsthüre herstammenden Cardinalshute, noch dermalen steht: am Münsterplatze, zur Linken jener kalten Statue aus hartem Metalle, dessen kräftiges Original mit

---

*) Ich betone dieß absichtlich, da unrichtiger= und unnöthiger= weise der „Bonner" Verfasser der Jubelschrift „Ludwig van Beethoven, ein Schauspiel" u. s. w. die Tochter Eleonore wiederholt von Mittellosigkeit im elterlichen Hause sprechen läßt.

**) Heribert Rau (in seinem Roman: Beethoven) und Wolfgang Müller von Königswinter („Furioso" aus Wester= mann's Monatsheften) geben irrthümlich Steffen als den älteren, Christof als den jüngeren der Brüder an. G. Mensch (in s. Charakterbild: L. v. Beethoven, Leipzig, bei Leuckart, 1871) nennt Christof fälschlich Christian.

warm schlagendem Herzen und weichem Gemüthe einst täglich
in jenem ihm heimisch gewordenen Hause ein- und ausging.

Ein Bruder meines seligen Großvaters, Johann Lorenz
v. Breuning, Canonicus in Neuß (in der Familie durch=
wegs „Öhm von Neuß" genannt) übersiedelte sofort nach
Bonn, die Erziehung der unmündigen vier Kinder und —
als Vorstand ·der Familie seines verstorbenen Bruders —
die Familienangelegenheiten zu leiten, bis zu seinem Tode,
der 1796 in Bonn im Alter von 58 Jahren erfolgte.

Außer diesem nahm noch ein anderer Bruder des Ver=
storbenen eine einflußreiche Familienstelle ein; es war dieß
der eben erwähnte Schwager in Kerpen: Johann Philipp
v. Breuning, welcher, geboren zu Mergentheim 1742 und
seit 1769 Geistlicher, früh als Canonicus nach Kerpen ge=
kommen war, wo er erst am 12. Juni 1832 starb. Er war
ein sehr gescheidter und äußerst liebenswürdiger Mann,
dessen Haus durch seine unvergleichliche Gastfreundlichkeit zum
erkohrenen allsommerlichen Tummelplatze der gesammten Fa=
milie und ihrer Freunde — darunter auch seiner Zeit Beet=
hoven, der dann in der Kirche dort oftmals die Orgel
spielte — bis an sein Lebensende ward.

Unter dieser pseudo=väterlichen Leitung und gepflegt von
verwandtschaftlicher Liebe zahlreicher Onkel und Tanten u. A.,
kurz unter solchen Verhältnissen verstrichen die ersten Kinder=
und Schuljahre. —

Dieß war der — skizzirte — Bestand der Breuning=
schen Familie in Bonn.

Kinder ziehen Gespielen, Schuljungen Freunde aus der
Schule an sich. So sollte denn auch der bisher enger be=
standene Familienkreis im Hause meiner Großmutter mit den
Jahren Zuwachs von außen her gewinnen, der veredelnde
Einfluß dieser tugendhaften Frau nicht allein auf ihre Kinder,

sondern auch auf andere Jünglinge sich erstrecken. — Sind das kindliche Herz und der Geist im elterlichen Hause einmal fest und gut gebildet, so knüpfen sie auch — Täuschungen vorbehalten — nur mit gleichgearteten Gemüthern Freund=schaft an.

Der liebenswürdige strebsame Charakter eines armen Studenten machte diesen bald zum täglichen Genossen im Hause. Es war dieß Franz Gerhard Wegeler, welcher, eines Elsasser Bürgers Sohn, schon früh den mächtigen Wissensdrang in sich fühlte, die Bande seiner ärmlichen Her=kunft zu sprengen, um das zu werden, was er sich, den Sei=nen, und der Mitwelt dann wurde.

Bereits im Hause eingebürgert, hatte er 1782 die Be=kanntschaft des Sohnes eines Musikers der churfürstlichen Hofkapelle gemacht*), welcher, noch mehr Knabe als Jüngling, wie jener für Wissenschaft und Kunst, bereits lebhaft für die Muse der Tonkunst glühte, und schon trefflich das Klavier handhabte.

Eleonore und Lenz bedurften eines Klavierlehrers, Wegeler's junger Freund zu seiner und seiner Eltern Un=terstützung der Unterrichtsstunden. So ward der junge Lud=wig van Beethoven in das gastliche Haus meiner Groß=mutter eingeführt. Die ihn schnell liebgewinnende Frau wurde ihm bald eine zweite Mutter, die mannigfach mildernd auf das mitunter aufbrausend Störrische seines Charakters ein=wirkte**). Die Kinder gewannen an ihm einen ewigen Freund, er an ihnen ihn nie vergessende Freunde. —

---

*) Das Bekanntwerden Wegeler's mit Beethoven auf der Spitze des Drachenfels, wie dieß Wolfg. Müller in seinem „Fu=rioso" erzählt, dürfte wohl romantische Erfindung sein.

**) „Sie verstand es, die Insekten von den Blüthen abzuhalten" schrieb Beethoven noch späterer Zeit in dankbarer Anerkennung. —

So wurde mit dem Heranwachſen der Kinder und der
Vergrößerung des häuslichen Kreiſes durch aufgeweckte Jüng=
linge von Außen her das Leben und Treiben im Hauſe ein
wachſend regeres, und dieß um ſo mehr, als ein allgemeiner
Drang nach Wiſſen bei dem lebhaften Einfluſſe, den die da=
mals ſich verbreitende reformatoriſche Literaturepoche ſo an=
regend übte, die geſammte Jugend des Hauſes mächtig beſeelte.

Wegeler, der älteſte der jugendlichen Freunde (geboren
in Bonn am 22. Auguſt 1765 und ſomit Beethoven, welcher
in Bonn am 17. December 1770 getauft*), — dem Alter
nach am nächſten ſtehend —) und die drei Söhne der ver=
wittweten Hofräthin ſtudirten; Wegeler und Lenz ſpäter
der Medizin ſich widmend, Chriſtof und Steffen dem
Studium der Jurisprudenz. Eleonore und zumal Lenz
aber ſpielten bereits ziemlich gut Klavier, während Steffen
mit Beethoven gemeinſchaftlichen Geigenunterricht genoß
bei Franz Ries, dem Vater des ſpäteren Beethoven'ſchen
Schülers und Compoſiteurs Ferdinand Ries, des viel=
jährigen Conzertmeiſters Hubert Ries in Berlin, welchen
ich auch als Ehrengaſt bei dem Bonner Jubelfeſte getroffen,

Ludwig's Charakter= und Bildungs=Entwicklung, ausſchließlich den
vielfach ſtörenden Verhältniſſen und Einflüſſen im väterlichen Hauſe
anheimgeſtellt, hätte ſonſt wohl leicht gefährdet werden mögen.

*) Ich ſage getauft, nicht geboren; denn, wie durch Wegeler
das richtige Geburtshaus Beethoven's zuerſt bekannt gemacht, wie
durch A. W. Thayer das wahre Geburtsjahr feſtgeſtellt worden;
ſo bleibt noch immer Beethoven's Geburtstag zu ermitteln.

Bei meinem letzten Beſuche in Bonn (Auguſt 1871) fand ich die
Bezeichnung des Geburtshauſes verändert; nämlich: Bonngaſſe 515
in Kölngaſſe 20; doch nur die Bezeichnung iſt geändert, die Dach=
ſtube, in welcher Beethoven zur Welt gekommen, hingegen beſteht
noch, im 1. Stockwerke des Hoftraktes links, in ihrer beengenden
Kleine.

Josef's Ries in London, des Klavierfabrikanten weiland Josef Franz Ries in Wien, u. s. w.

Von einer Spinnenanekdote, nämlich jenem in früheren Biographieen angezogenen vortrefflichen Violinspiele des jugend= lichen Ludwig in Bonn, an welches eine sein Zimmer mit= bewohnende Spinne sich derart anheimelnd gewöhnt haben sollte, daß sie zu demselben allemal herbeigekrochen, bis sie durch einen mißliebigen Zufall von fremder Hand erschlagen worden sei, habe ich weder von meinem Vater noch von Wegeler oder Anderen je gehört; auch hat dieß A. Schind = ler bereits in seiner Beethoven=Biographie als Erfindung be= zeichnet. Wohl aber hat mein Vater, der die Geige bis an sein Lebensende correct, wenn auch nicht mit Vollendung ge= spielt, und Geigenspiel zu beurtheilen verstand, wiederholt ge= äußert: daß Ludwig in jenen Jugendzeiten, so groß er als Pianist bald geworden, auf der Geige es nie zu besonderer Reinheit des Tones oder sonst hervorragender Fertigkeit ge= bracht hätte, und immerhin oftmals falsch gegriffen habe, noch bevor er von seiner Gehörkrankheit befallen worden, nach deren Eintritt selbstverständlich das Violinspiel allgemach falscher wurde, bis es der leidigen Taubheit wegen ganz aufgegeben werden mußte (s. auch Wegeler und Ries's biogr. No= tizen, S. 119).

Beethoven hatte während des gemeinschaftlichen Unter= richtes mit meinem Vater bei Franz Ries auf einer „Schwarzwälder"=Geige gespielt, welche er am Schlusse dieses Unterrichtes meinem Vater zum Andenken an jenen vereinten Unterricht schenkte, und welche ich, nebst einem altmodischen Geigenkästchen, das mein Vater von Meister Ries auch da= mals erhalten, als theuere Erinnerung verwahre. — Un= ter verschiedenen Violinnoten aus jener Zeit besaß mein Vater Fiorillo's Capricen. Auf dem Titelblatte war ein

kleines Männchen, Violine spielend, abgebildet. Späterer
Zeit, bereits in Wien, bemerkte Beethoven gegen meinen
Vater in seiner humoresken Weise: „Dieß Männchen ist doch
viel zu klein, um diese schwierigen Uebungsstücke bewältigen
zu können." —

Doch noch eine Kunst sollte im Bonner Hause vertreten,
der Familien- und Freundeskreis durch ein doppelt interessan-
tes Brüderpaar bereichert werden. Es waren dieß die später
berühmt gewordenen Maler v. Kügelgen*), ein Paar rei-
zender Zwillingsbrüder, welche bald als neue Freunde auch
in dem traulichen Familienverein Platz griffen. Diese Jünglinge sahen sich — nach meines Vaters Erzählung — längere
Zeit hindurch in so hohem Grade ähnlich oder wohl rich-
tiger gesagt gleich, daß sie von einander nicht zu unterscheiden
waren, und meine Großmutter, bei welcher sie doch nunmehr
tägliche Gäste gewesen, ihnen als Erkennungszeichen durch
geraume Zeit verschiedenfarbige Bänder ansteckte. Erst in
späterer Zeit machte sich mehr und mehr ein Unterschied in
ihrer Persönlichkeit bemerkbar.

Carl von Kügelgen ward Landschaftsmaler**) und
kam im Verlaufe der Zeit nach St. Petersburg. Gerhard
von Kügelgen, mit großem Talente für die Antike und
Porträtmalerei begabt, ging in nicht ferner Zeit (27. März
1820) einem mit Winkelmann's tragischem Ende verwandten Schicksale entgegen. Er wurde in seinem 48. Lebens-

---

*) „Das Leben Gerhard's v. Kügelgen", von F. Ch. A.
Haße. Nebst einigen Nachrichten aus dem Leben des k. russischen
Cabinetsmalers Carl v. Kügelgen. Leipzig (F. A. Brockhaus)
1824. — Weiters die in einnehmender Weise geschriebenen „Jugenderinnerungen eines alten Mannes (Wilhelm v. Kügelgen)."
3. Aufl. Berlin (Herz) 1871.
**) Sein Name ist in der k. k. Gemäldegallerie in Wien vertreten.

jahre bei Dresden auf der Landstraße ermordet. — Von
diesem besitze ich aus meines Vaters Nachlasse die höchst
ähnlichen und meisterhaft ausgeführten Medaillonporträts meiner
Großmutter, meines Vaters aus dem Jahre 1790, u. a. m.

So vergingen denn niemals wiederkehrende Jugendjahre
in heiterem Austausche und bei gediegener Pflege der Wissen=
schaft und Kunst, und in fröhlich geselligem Leben, das durch
so manchen lieben Besuch verwandter und nachbarlicher
Freunde häufig noch angeregter wurde, und wie es an
den reizenden Ufern des Rheines, am Fuße des Sieben=
gebirges, unterstützt durch so mancherlei zufällige Ver=
hältnisse der damaligen Zeit, mehr als vielleicht anderswo
geschaffen ward. Denn Zeit und Ort beeinflussen wohl viel=
fach die Stimmung der Menschen, und nicht immer und
überall finden sich leicht so begabte und strebsame Jünglinge
zusammen, wie es in dem so behäbigen als unbefangenen
Hause meiner Großmutter der Fall gewesen sein mußte.

Gewiß aber den Mittelpunkt des belebenden Interesses
hat schon damals der junge Beethoven gegeben, dessen
Phantasieen bereits zu jener Zeit halbe Nächte auf dem
Klavier des Hauses*) dahinschwärmten.

Dennoch sollte der dunkle Faden, den die Parze in
Beethoven's Leben eingesponnen, schon jetzt mitunter be=
merkbar hervortreten. Wahrhaft rührend für die der Theil=
nahme so empfänglichen jungen Freunde, erzählte mir mein
Vater, soll der Kummer und das Benehmen des jungen Lud=
wig gewesen sein, wenn sein dem Weine allzusehr zusprechen=

---

*) Das Musikzimmer ebener Erde links ist gegenwärtig noch im
ehemaligen Raumbestande verblieben; nur die hölzernen grünen
Vorgitter des Hauses hat dessen jetziger Besitzer Herr Gerhards
durch eiserne ersetzen, und einige der Fenster des Hauses ver=
größern lassen.

der Vater nächtliche Straßenskandale veranlaßte und hierdurch
in Conflicte mit der Bonner Polizeiwache gerieth. Mit kind=
licher Liebe und Hingebung, die zwar vorzugsweise seiner
duldenden Mutter gegolten, hat er sich im wettstreitenden
Gefühle von Kindesliebe und Bürgerspflicht zwischen Vater
und Wache vermittelnd geworfen. Er vertheidigte dann sei=
nen Vater in verzweifelnder Weise, um ihn vor der Schande
gefänglichen Einziehens zu bewahren; wenn er sich auch dabei
der Widersetzlichkeit gegen die Patrouille schuldig machte.
Wenn seine Freunde hierbei beschwichtigend, tröstend, ab=
wehrend, als überwiegendere Vermittler durch ihre gesellschaft=
lich geachtete Familienstellung sich in's Mittel legten; das
mußte von bleibendem Eindruck sein, und war und blieb es
auch für's Leben; denn nie und nimmer hat es Beethoven
vergessen, was jene ihm von jeher waren, jene nie, mit wel=
chem Geiste sie das günstige Schicksal in so enge Berührung
für's Leben gebracht.

Aber, gaben die Beziehungen zu seiner Familie ihm,
mit Ausnahme seiner Mutter und des Großvaters, die warm
in seinem Herzen standen, nur mehrentheils Widerwärtiges
von Anfang bis Ende seines Lebens; so lieferte seine Jugend
denn doch auch des Heiteren und Angenehmen.

So bekannt als mehrfach erzählt sind: seine frühe Vor=
stellung bei dem kunstliebenden Churfürsten Max Friedrich,
dem würdigen Bruder Kaiser Josef's II., — seine früh=
zeitige Ernennung zum churfürstlichen Hoforganisten durch
Vermittlung seines ersten Gönners Graf Waldstein, — die
wiederholten zarten Gaben des letzteren an ihn, — die muth=
willige Begebenheit mit dem churfürstlichen Tenoristen Heller,
mit welchem er die Wette einging, ihn während des Gottesdienstes
in der Schloßkapelle aus dem Tone zu werfen, was ihm zu
seiner freudigen Genugthuung auch gelang, freilich auch hin=

terher einen „sehr gnädigen Verweis" des Churfürsten ein=
trug, — sein fröhliches Zusammenwohnen während der
Sommerszeit mit der Familie Breuning beim „Ohm" in
Kerpen, wo er dann gerne die Orgel in der Dorfkirche
spielte, — seine lustige Reise mit dem churfürstlichen Hofe
von Bonn nach Mergentheim, — seine Herzensneigungen zu
Fräulein Babette Koch (späteren Gräfin Belderbusch) und
— gemeinschaftlich mit Steffen — zu Jeannette d'Hon=
rath, der späteren Gattin des östreich. Feldmarschalllieutenant
v. Greth, welche ich als ältere Frau in den 20er Jahren
in Wien sah, — (zwischen Eleonore und Beethoven bestand
stets nur ein warmes unvergängliches Freundschaftsbündniß,
welches auch auf die erste Taufe seiner Oper als „Leonore"
Einfluß ausgeübt), — dann sein Begegnen mit dem aus England
rückkehrenden Josef Haydn, u. s. w., und läßt sich dieß
für Denjenigen, der derlei etwas poetisch ausgeschmückt zu lesen
liebt, nicht anmuthiger erzählen, als in Wolfgang Müller's
„Furioso", ganz wahrheitsgetreu aber in Wegeler und
Ries's „biograph. Notizen" und in Schindler's Beet=
hoven-Biographie, gleichwie, zugleich mit weitester Um=
schau auf die damaligen Zeitverhältnisse, in A. W. Thayer's
„L. v. Beethoven's Leben" (Berlin, 1866).

Doch die Zeit hatte Flügel, nicht allein bei den Alten,
sondern immerdar, und die schönen Tage vergingen leider noch
allerorts und Jedermann. Mit den Jahren beginnt der Ernst
des Lebens allgemach anzupochen.

So erging es auch unserem jugendlich heiteren Völkchen:
Wegeler reiste im September 1787 nach Wien, um sich
als werdender Arzt in seinem gewählten Fache an der unter
Josef II. dort glänzenden Arzneischule für das bevorstehende
practische Leben vollends auszubilden. Die älteren Söhne
Christof und Steffen gingen zur Vollendung ihrer juri=

dischen Studien nach Göttingen. Beethoven ward von seinem Churfürsten nach Wien geschickt, nach der schon damals so blühenden Musikstadt, in welcher Haydn und Mozart Ungehörtes schufen und aufführten. Freilich sollte der Abschied Aller von ihrer lieben Heimat und von einander nur für einige Zeit dauern. Aber es war eine Trennung, und zwar die erste in all der Jungen Leben, inmitten sich drängender Kriegsereignisse, während welcher der geregelte Lauf brieflicher Nachrichten in ihren schon in Friedenszeiten damals gar träge einherhumpelnden Postcarriolen gar oft vollends unterbrochen ward.

Dennoch aber pochte Allen feurig das Herz, und muthiger, je mehr es der Erfüllung ihrer genährten Lebenswünsche entgegenging.

Beethoven war im Winter 1786 auf 87 in Wien angekommen, und hatte bald allenthalben offene Arme, zumal zuvorkommendste Aufnahme bei den allbekannten kunstliebenden aristokratischen Familien jener Wiener Zeit gefunden. Auch Wegeler war bald — noch 1787 — dort angelangt, und, mit vorzüglicher Empfehlung und Unterstützung von Seiten des Churfürsten ausgestattet, öffneten sich ihm, wie Beethoven, die Kreise der berühmten Josefinischen Professoren und Aerzte: Brambilla, Gerhard v. Vering, Gottfried van Swieten, Hunczovsky, Adam Schmidt, und vieler Anderen, und wer hätte es an zufriedener Ueberraschung fehlen lassen, wenn er das herrliche Talent des übersprudelnd heranstürmenden Beethoven einmal erfahren hat, von dem schon damals der größte Genius der Töne die prophetisch erfüllten Worte sagte: „Auf den gebt Acht, der wird einmal in der Welt von sich reden machen." —

Noch einmal kehrte Beethoven nach Bonn heim. Es war dieß wegen der Erkrankung seiner Mutter, welche kurz

darauf, am 17. Juli 1787, im 49. Lebensjahre der Schwind=
sucht erlag. — Bald aber sollte der so eng geschlossene
Freundeskreis wieder getrennt werden und sich auch nie gleich=
zeitig wieder zusammenfinden; denn der verschiedenen Jüng=
linge Berufsstreben warf sie in das bewegte Weltleben.

Die beiden Kügelgen wurden vom Churfürsten auf
Reisen gesandt (4. Mai 1791) mit einem „Jahrgehalt von
200 Ducaten auf 3 Jahre, womit sie in Rom versuchen
sollten, ihre schöne Naturgabe weiter auszubilden."

Es kam auch die zweite Reise Beethoven's nach
Wien — Anfangs November 1792*) —, an welche sich sein
bleibender Aufenthalt daselbst unmittelbar anknüpfte, ohne
daß er, trotz seines stets lebhaft genährten und in seinen
Briefen an Wegeler und Eleonore ausgesprochenen Wun=
sches, seinen heimathlichen Rhein je wiedersah, — nicht ein=
mal, als letztere am 28. März 1802 Wegeler heirathete. —
F. G. Wegeler, am 1. September 1789 in Wien
zum Doctor promovirt, war gleich darauf nach Bonn zurück=
gekehrt, und begann seine ärztliche Laufbahn als practischer
Arzt und Professor. Er ward bald ein in Bonn und seiner
Umgebung vielgesuchter Arzt, genoß von October 1794 bis
Juni 1796 in Wien nochmals ein glückliches Zusammenleben
mit seinem Ludwig, erlangte, nach Bonn abermals heim=

---

*) In dem durch G. Nottebohm („Beethoviana, Auf=
sätze und Mittheilungen," Leipzig und Winterthur, bei Rieter=
Biedermann, 1872) veröffentlichten Stammbuche Beethoven's
(derzeit Eigenthum der k. k. Hofbibliothek in Wien), in welches
seine Jugendfreunde in den letzten Tagen seines Bonner Aufent=
haltes — vom 24. October 1792 an — sich eingeschrieben finden,
setzt die „Wittib Koch" auf das von ihr beschriebene Blatt zum
Datum: „Bonn den 1. Nov. 1792" folgenden für den Abreisetag
bezeichnenden Zusatz: „— am letzten Abende vor unserem Abschiede"

gekehrt, durch seine geachtete Stellung nunmehr die Hand
Eleonoren's, übersiedelte 1807 nach Coblenz, wo er als
Geheimer Regierungs= und Medicinalrath bis zu seinem
Tode (7. Mai 1848; — Eleonore war ihm voraus=
gegangen: 13. Juni 1841 —) thätig wirkte, stets ein gast=
liches Haus führend und in engster Verbindung mit Vater
und Söhnen — zumal Ferdinand — Ries und vielen an=
deren interessanten Persönlichkeiten*), in vertraut brieflichem
Verkehr aber mit Beethoven bleibend.

Christof von Breuning ward Professor des Rechtes
in Bonn, dann Beamter in Cöln, in späteren Jahren Ge=
heimer Ober=Appellationsrath am obersten Gerichtshofe in
Berlin, in welcher Eigenschaft ich ihn im Jahre 1838 in
Berlin getroffen. Er starb nach kurzer Pension auf seinem
Landsitze in Beul an der Ahr, wo er auch begraben liegt.

Die Hofräthin Helene von Breuning übersiedelte
um 1823/1824 nach Cöln zu ihrem Sohne Christof und
später zu ihrem Schwiegersohne Wegeler nach Coblenz, wo
ich sie im Herbste 1838 noch sah. In den letzten Paar
Jahren aber war ihr Gedächtnißvermögen bereits derart alters=
schwach**), daß sie alltäglich ihren gegenwärtigen Wohnort

---

*) Zelter hat es in seinen Briefen Göthe'n erzählt (s. Brief=
wechsel zwischen Göthe und Zelter, 3. Band, S. 335), wie be=
haglich er — 1823 — in dem Reisewagen neben dem „lustigen Medi=
ciner aus Coblenz" gesessen, der an der Elbe (zu Magdeburg) „ein
Orrhost Anekdoten anzapfte, das gar nicht zu laufen aufhörte, als
er schon in Hildesheim angekommen war." — So der Sohn
Dr. Julius Wegeler in der Biographie seines Vaters bei Ge=
legenheit dessen 50=jähriger Dr.=Jubelfeier (Coblenz, bei Kehr, 1839).

**) Wenn mein Freund Thayer in seinem „L. van Beet=
hoven's Leben" (I. Band, S. 170) darauf sich bezieht, daß „Dr.
Wegeler, Frau von Breuning und Franz Ries, alle gleich)
ehrwürdig an Alter wie an Charakter, in den Jahren 1837/1838 zu-

2

und die sie umgebenden Personen mit solchen aus früherer Zeit verwechselte. Sie starb wenige Wochen nach meinem Besuche, am 9. Dezember 1838, nach 61=jährigem Wittwen= stande.

Lenz von Breuning studirte Medizin, war mit We= geler 1794 nach Wien gereist, wo er abermals Beetho= ven's Unterricht genoß und mit ihm auch bei den Musik= abenden meines Vaters, welchen auch die Familie Hun= czovsky anwohnte, vielfach Musik trieb. Von dieser seiner Ausbildungsreise heimgekehrt, starb er, erst 21 Jahre alt, in Bonn am 10. April 1798 am — damals in der Medizin modern gewesenen Brownianismus. — Er war, wie mir mein Vater wiederholt erzählte, mit Beethoven fast „am innigsten" befreundet. In Lenz'ens Album fand sich fol= gendes Blatt vor:

„Die Wahrheit ist vorhanden für den Weisen,
Die Schönheit für ein fühlend Herz!
Sie beide gehören für einander.

Lieber, guter Breuning!

Nie werde ich die Zeit, die ich sowohl schon in Bonn, als wie auch hier, mit Dir zubrachte, vergessen. Erhalte mir die Freund= schaft, so wie Du auch mich immer gleich finden wirst.

Wien, 1797 am 1. Oktober.

Dein wahrer Freund
L. v. Beethoven."

(Das Stammbuch ist in Dr. Jul. Wegeler's Besitze.) Zu dem Worte: Bonn — aber setzte F. G. Wegeler (s. Nach= trag zu den biographischen Notizen über L. van Beethoven.

---

sammensaßen und die Ereignisse von 1785—1788 besprachen"; so muß Großmama Breuning aus diesen Berathungen, oberwähnten Umstandes wegen, wenigstens für die letzteren Jahre ihres Lebens, ausgelassen werden.

Coblenz, bei Bädeker, 1845) allzu flüchtigerweise eine ganz irrige Bemerkung hinzu, indem er (S. 21) sagt: „Lenz von Breuning, als der jüngste der drei Brüder, stand Beethoven im Alter der Nächste." Gerade aber das Gegentheil ist das richtige; denn Beethoven war fünf Monate älter als der älteste, nahezu sieben Jahre aber älter, als der jüngste der drei Brüder Breuning. — Ungeachtet nun Lenz der jüngste und also Beethoven im Alter der entferntesten gewesen, findet aber gerade Lenz Ursache, an Wegeler im Januar 1796 zu schreiben: „Ueberhaupt hält er (Beethoven) jetzt äußerst viel auf mich" — und schwächt sich aus diesem und dem mehr oben Angeführten, zumal aus meines Vaters mir bestimmt erinnerlicher eben angezogener Aeußerung, Thayer's Annahme wohl ab, wenn er (S. 174) von meinem Vater (als dem zwischen seinen zwei Brüdern geborenen) und Beethoven sagt: „Die Beiden — — — — mögen wohl 1785 oder 1786 mit einander bekannt geworden sein, aber es war einer ganz innigen Verbindung nicht günstig, daß zwischen ihnen ein Altersunterschied von vier Jahren bestand, und daß der Eine noch ein Schulknabe war, ein Kind unter Kindern, während der Andere schon Organist und Autor war, und gewohnt sich unter Männern zu bewegen." — Zum mindesten beruht diese Annahme auf subjectiver Schlußfolgerung. — Wegeler (biogr. Not. S. 45) sagt von meinem Vater, daß „er der Einzige war, in dem alle Eigenschaften sich fanden, Beethoven's Biograph zu werden. Hatte er doch mit kurzen Unterbrechungen, von seinem 10. Jahre bis zu seinem Tode in der innigsten Verbindung mit ihm gelebt." —

Lenz war also gar bald und früh aus dem Bunde und für immer geschieden; — aber auch alle Genannten sah Beethoven darnach niemals wieder.

Steffen von Breuning war der einzige, dem davon

2*

eine Ausnahme beschieden gewesen. Er theilte überhaupt in
vielem ein verwandtes Geschick mit seinem Ludwig: In derselben Stadt, kaum vier Jahre später, geboren, — nach
Wien gleich ihm zu bleibendem Aufenthalte gekommen, —
daselbst längere Zeit mit diesem dieselbe Wohnung theilend,
— beide dann vielfach wenngleich sehr heterogen beschäftigt
und im Drängen der Lebens= und Zeitverhältnisse mitunter
sich verlierend, — fügte es das Spiel des Zufalles, daß
beide, nahe ihrem durch Kränkungen — bei Beethoven von
verwandtschaftlicher, bei Steffen von amtlicher Seite aus=
gehend — verfrüht herbeigeführten Lebensende nochmals in
nächster Nachbarschaft (Schwarzspanier= und Rothes Haus)
vereint sich wiederfinden sollten, um sich nochmals so recht
herzinniglich eine Spanne Zeit zu genießen, aber auch binnen
zweier Monate und neun Tage einander in's Grab zu folgen,
— in welchem sie auch wieder nur wenige Schritte von
einander entfernt*) auf demselben Friedhofe ruhen; — der
eine betrauert von der Welt, der andere von den Seinen
und geschätzt von Jenen, die ihn gekannt.

Steffen ward im Beginne seiner amtlichen Laufbahn
in Mergentheim bei dem deutschen Orden angestellt, nach
sieben Jahren aber, wie damals viele Rheinländer, unter ihres
Landsmannes Faßbender's Präsidium an den Hofkriegsrath
nach Wien gezogen**), wo er durch außergewöhnlich thätige
Arbeit schnell Carrière machte, so daß er bereits 1818 —
im 44. Lebensjahre — Hofrath geworden, solch anstrengendem

---

*) Steffen liegt mit seiner zweiten Frau, meiner Mutter, in
der Familiengruft v. Bering auf dem Währinger Ortsfriedhofe,
in derselben Reihe, in welcher einige Gräber weiter aufwärts Beet=
hoven liegt.
**) Steffen hat östreichische Dienste nicht gesucht, wie
Mensch S. 96 irrthümlich, auch anbetrachts der Jahresangabe, sagt.

Eifer und — unter des Prinzen Hohenzollern Präsidium —
persönlich kränkenden Widerwärtigkeiten bei reizbarer Nerven=
beschaffenheit aber allzufrüh unterlag, am 4. Juni 1827,
noch nicht 53 Jahre alt.

Durch Wegeler's Empfehlungsbrief bei dem dirigiren=
den Stabsfeldarzte Gerhard v. Vering in Wien eingeführt,
traf Steffen — um 1800 — Beethoven bei diesem durch
Wegeler's Empfehlung schon heimisch, und noch heimischer
ward es letzterem nunmehr bald wieder in seines Steffen
Wohnung im Rothen Hause. In diesem nämlich finden wir
sie zu gemeinschaftlicher Behausung vereint, und nach erfolg=
tem Wohnungswechsel Beethoven's beide wenigstens noch am
gemeinschaftlichen Mittagstische. Ein Brief Steffen's an
Wegeler aus Wien vom 13. November 1801 spricht dieß
aus, giebt aber auch Kunde von der schon seit vier Jahren
begonnenen und erschreckend zunehmenden Schwerhörigkeit
Beethoven's. Da dieser Brief sehr bezeichnend ist, möge er
(aus Wegeler's „Nachtrag", S. 10) hier wiederholt werden.
Um sein langes Schweigen zu entschuldigen, schreibt Stephan:
„Der Freund, der mir von den Jugendjahren hier blieb,
trägt noch oft und viel dazu bei, daß ich gezwungen werde,
die Abwesenden zu vernachlässigen. Sie glauben nicht, lieber
Wegeler, welchen unbeschreiblichen und ich möchte sagen
schrecklichen Eindruck die Abnahme des Gehörs auf ihn
gemacht hat. Denken Sie sich das Gefühl unglücklich zu
sein, bei seinem heftigen Charakter, hierbei Verschlossenheit,
Mißtrauen, oft gegen seine besten Freunde, in vielen Dingen
Unentschlossenheit! Größtentheils, nur mit einigen Ausnahmen,
wo sich sein ursprüngliches Gefühl ganz frei äußert, ist Um=
gang mit ihm eine wirkliche Anstrengung, wo man sich nie
sich selbst überlassen kann. Seit dem Mai bis zu Anfang dieses
Monats haben wir in dem nämlichen Hause gewohnt, und

gleich in den ersten Tagen nahm ich ihn in mein Zimmer.
Kaum bei mir, verfiel er in eine heftige, am Rande der Ge=
fahr vorübergehende Krankheit, die zuletzt in ein anhaltendes
Wechselfieber überging." (Seine vorherrschende Anlage zu
Störungen der Leberthätigkeit ist also schon aus jener Zeit
ersichtlich. —) „Besorgniß und Pflege haben mich da ziem=
lich mitgenommen. Jetzt ist er wieder ganz wohl. Er wohnt
auf der Bastei*), ich in einem vom Fürsten Eszterházy neu=

---

*) Im Baron Pasqualati'schen Hause: Mölkerbastei, jetzt
No. 8. — Wie mir mein Vater erzählte, bewohnte Beethoven
dieß Haus seiner freien Aussicht und Luft wegen mit besonderer
Vorliebe und deßhalb auch zu verschiedenen Mtalen. Daß er es
dennoch zeitweilig verlassen, hatte die gewöhnliche Bewandtniß: seine
Zerstreutheit und Nichtbeachtung der äußerlichen Rücksichten, welche
ihn allerorts in Conflicte mit Nachbaren, Hausmeistern und schließlich
Hausherrn brachte. Unter anderen ereignete sich in diesem Hause
z. B. folgender Vorfall: Beethoven bewohnte eine Wohnung im
dritten Stockwerke und genoß die weiteste Aussicht über das Glacis,
mehrere Vorstädte, bis auf den Leopolds= und Kahlenberg, nach
rechts aber weit über den Prater hinaus. Um aber diese letztere
Parthie sehen zu können, mußte er sich über die Fensterbrüstung
hinauslehnen und den Kopf nach rechts wenden. Sein Zimmer war
das letzte (östlichste) an der Feuermauer, das Nachbarhaus damals
nur zwei Stockwerke hoch, die Hauptmauer des Hauses somit frei.
Ein Fenster durch diese Mauer, dachte Beethoven, und das Zimmer
wäre zu einem Eckzimmer, mit freier Aussicht auch nach dieser
Seite hin, umgeschaffen! Solches auszuführen dünkte ihn ganz
einfach, und — er ließ einen Maurer rufen. Ob dieser, der Haus=
meister oder der Hauseigenthümer sich sofort von vorne herein dem
beabsichtigten Durchbruche widersetzt hatten oder ob der Maurer
wirklich bereits durchzuklopfen begonnen (doch dünkt mich, letzteres
von meinem Vater vernommen zu haben), weiß ich nicht genau; — aber
Beethoven kündigte, als ihm diese Arbeit eingestellt worden, hoch=
erzürnt über die Ungefälligkeit des ihm doch befreundeten Hausherrn,
augenblicklich die Wohnung. — Doch die herrliche Fernsicht und die
freundliche Einladung seines Freundes Pasqualati zogen ihn

erbauten Hause vor der Alser=Kaserne, und da ich meine eigene Haushaltung führe, so ißt er täglich bei mir." — So weit aus dem Briefe meines Vaters. —

Die musikalisch wie überhaupt künstlerisch sich entfal=tende Tochter Vering's begann Steffen mehr und mehr zu fesseln, und, ungeachtet er noch im Jahre 1807, auf Be=such in Bonn, sich nur schwer wieder von dort trennte, finden wir ihn, nach Wien zurückgekehrt, bald als beglückten Bräutigam derselben, Julien's Tugenden und Reize in mehrfachen Gedichten besingend (welche ich besitze). —

Da Julie — eine Schülerin Joh. Schenk's, des Componisten des „Dorfbarbiers", der „Weinlese" u. a. m. (dessen Persönlichkeit, in Stiefelhosen und Spencer über dem Frack, mir noch vorschwebt) — eine gute Pianistin war, ja selbst in kleinen Compositionen (die ich verwahre) sich versuchte; so war es natürlich, daß Beethoven an der talentvollen 18=jährigen Frau Steffen's bald doppeltes Interesse nahm, und wir sehen ihn, wie noch vor wenigen Jahren mit Lenz, nicht allein zu vierhändigem Klavierspiel mit Julien vereint, sondern ihrem künstlerischen Streben überdieß ganz besonders huldigend, indem er das — Stephan bereits dedicirte — Violinconcert (nicht Sonate, wie Mensch sagt), Op. 61, — zum ersten Mal durch Clement aufgeführt am 23. Decem=ber 1806, — für Klavier allein und zwar selbst bearbeitete und es „Julien von Breuning, geborenen von Wering" (richtig Vering) widmete.

nach einiger Zeit wieder zurück in dieß Haus; neuerlich vermeintlich erlittene Unbilden ließen es ihn wieder verlassen, um nach erfolgter Aussöhnung es neuerdings zu beziehen. Ja, Pasqualati soll end=lich in der ahnenden Voraussetzung, daß Beethoven doch wieder zurückkehren werde, die Wohnung für alle Fälle eine Zeit lang für ihn frei gehalten haben.

Oftmals, so erzählte mir mein Vater, hat Beethoven vor dem jungen Ehepaare bis tief in die Nacht hinein phantasirt*).

---

*) Wenn man den noch in meinem Besitze befindlichen Brod = mann'schen Flügel, der damals zu den vorzüglichsten zählte, mit seinem kleinlichen Tone und nur 5½ Octaven Umfang erwägt, so begreift man nicht, wie er zu Beethoven's stürmischem Phantasieen= strome ausreichen konnte, wohl aber, daß es unabweisbare Anfor= derung und Folge wurde, daß durch Beethoven's Sonaten das Klavier zu seiner jetzigen Umgestaltung und Stärke reformirt, ja gleichsam neu geschaffen werden mußte. Die Schöpfungen seiner gigantischen Klaviersonaten müssen nachgerade als doppelte Erfin= dungen angesehen werden; denn selbst das Instrument mußte er sich im Geiste bereits in seiner jetzigen Vervollkommnung — ein Zukunfts= klavier — gedacht haben, und mit vollem Rechte wäre das Klavier der Neuzeit, wie ich es irgendwo einmal gelesen zu haben mich ent= sinne, das Beethoven'sche Klavier zu nennen. — Sehr interessant und in künstlerischer Beziehung bezeichnend ist, was C. F. Pohl in dem „Jahresbericht des Conservatoriums der Gesellschaft der Musik= freunde in Wien", Schuljahr 1869—1870, aus Carl Czerny's Selbstbiographie (im Archive der Gesellschaft befindlich und „ein bis= her noch unbekanntes Manuscript") über Beethoven's Klavierspiel veröffentlicht. Pohl sagt: Ueber die Spielweise Hummel's im Vergleiche zu der Beethoven'schen äußert sich Czerny: „Wenn sich Beethoven's Spiel durch eine ungeheure Kraft, Charak= teristik, unerhörte Bravour und Geläufigkeit auszeichnete, so war da= gegen Hummel's Vortrag das Muster der höchsten Reinheit und Deutlichkeit, der anmuthigsten Eleganz und Zartheit, und die Schwie= rigkeiten waren stets auf den höchsten, Bewunderung erregenden, Effekt berechnet, indem er die Mozart'sche Manier mit der für das Instrument so weise berechneten Clementi'schen Schule vereinigte. — — — Hummel's Anhänger warfen dem Beethoven vor, daß er das Fortepiano malträtire, daß ihm alle Reinheit und Deut= lichkeit mangle, daß er durch den Gebrauch des Pedals nur confusen Lärm hervorbringe und daß seine Compositionen gesucht, unnatürlich, melodielos und überdieß unregelmäßig seien. Dagegen behaupteten die Beethovenisten, Hummel ermangele aller ächten Phantasie, sein

Doch bald: am 21. März 1809, nach erst eilfmonat=
licher Ehe, ward ein unerwarteter Schmerz von dem
grausen Schicksale neuerdings bereitet: Wir sehen Steffen
die Grabschrift für seine geliebte Julie*) schreiben:

Der

besten Gattin,

Julie, geborenen von Vering,

jetzte

Stephan von Brenning,

k. k. Hofkriegssekretär,

tief trauernd,

diese s Denkmal

der

ehelichen Liebe.

Sie ward geboren den 26. November 1791, erblühte zu holder Schön=
heit, vereinte mit dem seltensten Ernste des Gemüthes den liebens=

Spiel sei monoton wie ein Leierkasten, die Haltung seiner Finger sei
kreuzspinnenartig und seine Compositionen seien bloße Bearbeitungen
Mozart'scher und Haydn'scher Motive." — — Und Pohl fügt
hinzu, wie über Beethoven's Spiel ein Correspondent aus Wien
im April 1799 (Allg. muj. Zeitung, Nr. 33) schreibt: „Beethoven's
Spiel ist äußerst brillant, doch weniger delicat und schlägt zuweilen
in das Undeutliche über. Er zeigt sich am allervortheilhaftesten in
der freien Phantasie. Und hier ist es wirklich ganz außerordentlich,
mit welcher Leichtigkeit und zugleich Fertigkeit in der Ideenfolge
Beethoven auf der Stelle jedes ihm gegebene Thema nicht etwa
in den Figuren variirt (womit mancher Virtuos Glück und Wind
macht), sondern wirklich ausführt. Seit Mozart's Tode, der mir
hier noch immer das non plus ultra bleibt, habe ich diese Art des
Genusses nirgends in dem Maße gefunden, in welchem sie mir bei
Beethoven zu Theil ward." — —

*) Julie ruht in dem Währinger Ortsfriedhofe, rechts, genau
gegenüber der „Grabstätte der Familie Vering." In ihrem Grabe
ruht seit 14. März 1870 nunmehr auch mein am 11. März so früh
mir entrissener Sohn Franz.

würdigsten Sinn für Reinheit und Wahrheit, alle Tugenden sanfter
Weiblichkeit, veredelte Empfindungen für Natur und Kunst, und die
unverfälschteste, der weiblichen Bestimmung durchaus getreue, Geistes=
bildung. —

Sie starb den 21. März 1809,
im elften Monate der glücklichsten Ehe,
in der Minute des Frühlings=Eintrittes. —

„Der Frühling erwachte so blühend so hehr,
Doch ach! Ihr erblühte der Frühling nicht mehr;
Momente Glück, dann tödtende Beschwerde,
Das ist das Loos des Schönen auf der Erde!"

Mein Vater blieb fortan und bis an sein Lebensende
im Rothen Hause und Beethoven stets mit ihm in viel=
fachem Verkehre. So schreibt Steffen 1811 an seine
Mutter: „daß ich seit Anfang dieses Jahres meine eigene
Haushaltung mit einer 66=jährigen Köchin führe, habe ich
an Wegeler geschrieben. Beethoven ißt jetzt bei mir.
Wenn er nicht hier ist, wie es den Sommer hindurch der
Fall war, und wahrscheinlich, da er nach Italien reisen soll,
bald wieder sein wird, esse ich allein." — Es kam aber
nicht zu dieser Reise. Dagegen hatte Beethoven, ungeach=
tet seines schon vorgeschrittenen Gehörleidens, auch wieder
bei Steffen an dem an bestimmten Wochentagen wieder
aufgenommenen Quartettspiel Theil genommen, wie denn
überhaupt beide Freunde von jeher in musikalischen Angelegen=
heiten oftmal sich besprachen. So namentlich damals, als
Beethoven die vielen Plackereien mit den Inscenirungen
seiner Oper durchzumachen hatte, und bei vielen anderen
Gelegenheiten.

Mein Vater schreibt (s. Wegeler und Ries's biogr.
Not., S. 62) an seine Schwester Eleonore und deren Gatten:

„Wien, den 2. Juni 1806.

Liebe Schwester und lieber Wegeler!

— — — — — Ueber Beethoven's Oper habe ich Euch in meinem letzten Briefe, so viel ich mich erinnere, zu schreiben versprochen. Da es Euch gewiß interessirt, so will ich dieses Versprechen erfüllen. Die Musik ist eine der schönsten und vollkommensten, die man hören kann, das Sujet ist interessant; denn es stellt die Befreiung eines Gefangenen durch die Treue und den Muth seiner Gattin vor; aber bei dem Allen hat Nichts wohl Beethoven so viel Verdruß gemacht, als dieses Werk, dessen Werth man in der Zukunft erst vollkommen schätzen wird. Zuerst wurde sie sieben Tage nach dem Einmarsche der französischen Truppen, also im allerungünstigsten Zeitpunkte, gegeben. Natürlich waren die Theater leer und Beethoven, der zugleich einige Unvollkommenheiten in der Behandlung des Textes bemerkte, zog die Oper nach dreimaliger Aufführung zurück. Nach der Rückkehr der Ordnung nahmen er und ich*) sie wieder vor. Ich arbeitete ihm das ganze Buch um**), wodurch die Handlung lebhafter und schneller

---

*) Ries erzählt (s. „Notizen", S. 103 u. ff.) nach einer ihm gewordenen Mittheilung des Tenoristen Röckel: wie „Beethoven's Freunde nach dem Mißerfolge 1805 beschlossen, die Oper zu verkürzen, zu welchem Zwecke eine Zusammenkunft beim Fürsten Lichnowsky diente, bestehend aus dem Fürsten, der Fürstin (die das Klavier übernahm und bekanntlich eine ausgezeichnete Spielerin war), dem (Dichter) Hofrath von Collin, dem Stephan von Breuning, welche beide letztere sich über die Abkürzung schon besprochen hatten, — dann dem Herrn Meyer, erstem Bassisten, Herrn Röckel und Beethoven."

**) Auch der Text zu „Lydien's Untreue" ist von meinem Vater „aus dem Französischen" übersetzt und fand ich das hierzu von Beethoven componirte Lied durchgehends von Vaters Hand

wurde; er verkürzte viele Stücke, und sie ward hierauf
dreimal mit dem größten Beifall aufgeführt. Nun standen
aber seine Feinde bei dem Theater auf und da er mehrere,
besonders bei der zweiten Vorstellung beleidigte, so haben
diese es dahin gebracht, daß sie seitdem nicht weiter mehr
gegeben worden ist. Schon vorher hatte man ihm viele
Schwierigkeiten in den Weg gelegt und der einzige Umstand
mag Euch zum Beweise der übrigen dienen, daß er bei
der zweiten Aufführung nicht einmal erhalten konnte, daß
die Ankündigung der Oper unter dem veränderten Titel:
„Fidelio" wie sie auch in dem französischen Original
heißt und unter dem sie nach den gemachten Aenderungen
gedruckt worden ist, geschah. Gegen Wort und Versprechen
fand sich bei den Vorstellungen der erste Titel: „Leonore"
auf dem Anschlagezettel. Die Kabale ist für Beethoven
um so unangenehmer, da er durch die Nichtaufführung der
Oper, auf deren Ertrag er nach Procenten mit seiner
Bezahlung angewiesen war, in seinen ökonomischen Ver=
hältnissen ziemlich zurückgeworfen ist und sich um so lang=
samer wieder erholen wird, da er einen großen Theil seiner
Lust und Liebe zur Arbeit durch die erlittene Behandlung
verloren hat. Die meiste Freude habe ich vielleicht ihm
gemacht, da ich, ohne daß er etwas davon wußte, sowohl
im November, als bei der Aufführung am Ende März,
ein kleines Gedicht drucken und in dem Theater austheilen
ließ. Für Wegeler will ich beide hier abschreiben, weil
ich von alten Zeiten weiß, daß er etwas auf dergleichen
Dinge hält; und da ich einst Verse auf seine Erhebung

---

geschrieben unter seinen Schriften vor. — Ich besitze dieß Original
und habe seiner Zeit meinem Oheim Wegeler dessen Benützung für
seinen „Nachtrag" zugestanden.

zum Rector magnificus celeberrimae universitatis Bonnensis machte, so kann er nun durch Vergleichung sehen, ob ich in meinem poetischen Gelegenheits-Genie Fortschritte gemacht habe. Das erste kleine Gedicht war in reimlosen Jamben:

Sei uns gegrüßt auf einer größern Bahn,
Worauf der Kenner Stimme laut Dich rief,
Da Schüchternheit zu lang zurück Dich hielt!
Du gehst sie kaum, und schon blüht Dir der Kranz,
Und ältre Kämpfer öffnen froh den Kreis.

Wie mächtig wirkt nicht Deiner Töne Kraft;
Die Fülle strömt, gleich einem reichen Fluß;
Im schönen Bund schlingt Kunst und Anmuth sich,
Und eigne Rührung lehrt Dich Herzen rühren.

Es hob, es regten wechselnd unsre Brust
Lenorens Muth, ihr Lieben, ihre Thränen;
Laut schallt nun Jubel ihrer seltnen Treu,
Und süßer Wonne weichet bange Angst.
Fahr' muthig fort; dem späten Enkel scheint
Ergriffen wunderbar von Deinen Tönen,
Selbst Thebens Bau dann keine Fabel mehr.

Das zweite*) besteht aus zwei Stanzen und enthält eine Anspielung auf die Anwesenheit der französischen Truppen zur Zeit der ersten Aufführung der Oper:

---

*) Das erste Gedicht war auf Oktavformat gedruckt. Das zweite auf einem zur Quartform gebogenen halben Bogen und überschrieben: „An Herrn Ludwig van Beethoven, als die von ihm in Musik gesetzte, und am 20. November 1805 das erstemal gegebene Oper, jetzt unter der veränderten Benennung Leonore wieder aufgeführt wurde." Mit Gerold'schen Schriften.

Noch einmal sei gegrüßt auf dieser Bahn,
Die Du betratst in bangen Schreckenstagen
Wo trübe Wirklichkeit von süßem Wahn
Die Zauberbinde riß und furchtbar Zagen
Nun All' ergriff, wie wenn den schwachen Kahn
Des wilden Sturm's gewalt'ge Wellen schlagen;
Die Kunst floh scheu vor rohen Krieges=Scenen,
Der Rührung nicht, aus Jammer flossen Thränen.

Dein Gang voll eigner Kraft muß hoch uns freu'n,
Dein Blick, der sich auf's höchste Ziel nur wendet,
Wo Kunst sich und Empfindung innig reih'n.
Ja, schaue hin! Der Musen schönste spendet
Dort Kränze Dir, indeß vom Lorbeerhain
Apollo selbst den Strahl der Weihung sendet.
Die ruh' noch spät auf Dir! in Deinen Tönen
Zeig' immer sich die Macht des wahren Schönen!

Diese Abschrift hat mich aber wirklich ganz ermüdet; ich kann daher wohl diesen ohnehin langen Brief schließen. Ich will Euch nur noch die Nachricht schreiben, daß Lich= nowsky die Oper jetzt an die Königin von Preußen ge= schickt hat und daß ich hoffe, die Vorstellungen in Berlin werden den Wienern erst zeigen, was sie hier haben."

Trotz aller Bemühungen aber hatte dieß Opern=Pracht= werk nie bleibend auf der Bühne sich erhalten, und, man kann es geradezu sagen, erst im Sommer 1859 allgemein eingehenderes Verständniß und bleibenden Aufenthalt auf dem Theater in Wien gefunden, als mit Aloys Ander als Florestan die deutsche Opernsaison damit geschlossen und unter der gleichen Besetzung die neue deutsche Saison damit wieder eröffnet worden.

„Hofrath Stephan von Breuning's vor 45 Jahren gestellte Prophezeiung ist aber" (wie der Londoner Musik= Referent seinen ausführlichen Bericht beginnt) „in glänzende

Erfüllung gegangen durch die wahrhaft vollendete Aufführung dieser Oper" im Jahre 1851 in London. Er schreibt hierüber (in den „Illustrated London News" und „Wiener Theaterzeitung", Juni 1851): „Die kunstliebende Welt Londons hat in den letzten Tagen einen doppelten Genuß gefeiert. Es wurde Beethoven's Fidelio zum ersten Male in italienischer Sprache, und zwar in zwei Theatern zugleich gegeben. Privat= wie Zeitungsberichte wetteifern über die glänzenden Erfolge beider Vorstellungen dieser „deutschesten aller deut= schen Opern", welche die besten der Saison genannt werden. Von den vier Ouvertüren wurde jene aus E vor Beginn der Vorstellung, die große „Leonore"=(C)=Ouvertüre aber vor dem dritten Akte gespielt, und die stürmischen Evviva's for= derten beider wie so vieler anderer Musiktheile Wiederholung. Im Theater Ihrer Majestät dirigirte Balfe, welcher auch statt der zu sprechenden Texte Recitative setzte, im königlich italienischen Opernhause Costa, und Hervorrufen krönte auch das Streben der Dirigenten. Man kann sich von der Schön= heit der Vorstellung dadurch einen Begriff machen, wenn man erwägt, daß der Chor der Gefangenen durch Sänger wie Gardoni, Calzolari, Pardini, Poultier, Scotti, Ferranti, F. Lablache, Lorenzo und Maßol unterstützt wurde und die Soloparthieen in dem einen Theater durch Mlle. Cruvelli, Mr. Sims Reevers, Balanchi, Co= letti u. s. w., in letzterem durch Mad. Castellar, Signor Tamberlik, Formes, Tagliafico, Stighelli u. s. w. besetzt waren. Ein Meisterwerk wie dieses", fährt Referent fort, „kann aber auch nur vollendet durch solche Meisterkräfte gegeben werden, und so geschah es auch in wahrer Voll= endung." —

Mein Vater verband sich in zweiter Ehe mit Constanze Ruschowitz, meiner Mutter. — Auch gegen sie war Beet=

hoben stets sehr freundschaftlich zuvorkommend, wie er es überhaupt gegen Frauen war und sich gerne zu ihnen hin= gezogen fühlte. Eine Zeitlang glaubte sie selbst wahrzu= nehmen, daß Beethoven geneigt gewesen, ihr etwas den Hof zu machen. Er suchte ihr auffallend öfter zu begegnen, be= gleitete sie alsdann ein Stück Weges, so z. B. einmal zum „Kaiserbade" an der Donau, wo sie ein Bad zu nehmen be= absichtigte, und nicht wenig war sie überrascht, nach genom= menem Bade, also nach mehr als einer Stunde, Beethoven auf der Bank vor dem Badhause ihrer harrend noch zu fin= den, um sie wieder nach dem Rothen Hause heim zu be= gleiten, u. dgl. m. — Oft wiederholend und bis noch kurz vor seinem Ende hatte er gegen meine Mutter es ausge= sprochen: daß er es sehr bedauere, nicht geheirathet zu haben. — Aber wahrhaftig nur eine Frau von ganz besonderer Herzens= und Geistesbefähigung, wie sie nur selten, aber — doch zu finden, hätte einen Beethoven glücklich machen können. Eine Frau hätte es sein müssen, welche seinen ge= nialen Flug verstanden, und, ohne seine oft sinkenden Schwingen mit Alltags=Ballast mehr noch zu gewichtigen, ihn weiblich leitend — in des Wortes weiblich=anziehendster Bedeutung — gegen die ihn störende rücksichtslose Außenwelt zu wahren verstanden hätte; etwa: „ein Engel Leonore". — Aber, war er auch Einer von Jenen: „wem der kühne Wurf gelungen, eines Freundes Freund zu sein;" so wäre es doch sehr in Frage gestellt gewesen, ob er zu Jenen gezählt hätte: „wer ein holdes Weib errungen, der mische sich in diesen Jubel ein," obgleich er es so groß zu besingen gewußt. —

Zu wiederholten Malen ist Beethoven's Herz zu Liebesflammen aufgelodert, doch mit dem treuen Grund= gedanken: „bis ich Dich erlaubt mein nennen darf".

Mein Vater antwortete meiner Mutter, als sie gelegent=

lich einmal gegen ihn äußerte, daß sie es nicht wohl einsähe, wie Beethoven, da er weder schön noch elegant, ja struppig, eher verwildert aussehe, Frauen gefallen könne: „Und doch hat er bei Frauen immer Glück gehabt." — Es war bei Beethoven stets eine edle, gehobene Empfindung, die sich bei ihm gegenüber den Frauen, sei es in freundschaftlichem oder Liebesverhältnisse gewesen, kund gegeben. —

Der Lebenszeitraum Beethoven's von seiner beginnen= den Berühmtheit bis zu seinem Lebensende hat bei der aus= geprägten Eigenthümlichkeit seines Charakters zu ungemein viel Mittheilungen der verschiedenartigsten Anekdoten und Be= gebenheiten mehrfach unwahrer oder doch sehr entstellter Art Veranlassung gegeben. So z. B. sind geradezu abgeschmackt die romantisch klingen=sollenden Anekdoten im Jugend=Album (Jahrgang 1859, Stuttgart, bei Hallberger, S. 145): Vier Bilder aus L. van Beethoven's Knabenjahren von Emil Ohly: der Pomadenkopf; das Vergißmeinnicht; Musik und Rheinwein; der kleine Improvisator." — In gleicher Weise sind vollständig aus der Luft gegriffen: „Beethoven's letzter Ausgang" (Presse, Wien, 9. März 1866), „Beethoven's zer= rissener Schuh" von Cl. Jäger in „Haus" (Fremdenblatt, Wien, 24. Juni 1870), und ebenso Alles erdichtet, was in der „Illustrirten Welt" (Stuttgart, Hallberger, 1871, 19. Jahrg.) bei Gelegenheit des oft citirten Satzes: „Beethoven war nie ohne Liebe" — in beliebt exaltirter Art zu lesen steht. In dem ganzen Aufsatze ist platterdings nichts richtig, als die Personsbeschreibung Beethoven's, wo es heißt: „Es ist eine stämmige, gedrungene Figur von starkem Körper= bau", und selbst hierbei muß der weitere Nachsatz: „das un= schöne, rothe und von Pockennarben zerrissene runde Gesicht von dichtem schwarzen Haar umzottelt" dahin berichtigt wer= den, daß sein Gesicht keineswegs roth und von Pockennarben

3

zerriſſen, ſondern nur von braunen Pockenvertiefungen gefleckt war, wie dieß deutlich die bei ſeinen Lebzeiten — 1812 — abgenommene Geſichtslarve zeigt. — Gerne aber will ich das beſtätigen, was „von einem Zeitgenoſſen“ in demſelben Auf=ſaße über Beethoven behauptet wird: „Sobald ſich ſein Geſicht zur Freundlichkeit aufheiterte, ſo verbreitete es alle Reize der kindlichen Unſchuld; wenn er lächelte, ſo glaubte man nicht blos an ihn, ſondern an die Menſchheit: ſo innig und wahr war er in Wort, Bewegung und Blick.“ —

Die Wirklichkeit geht immer darauf hinaus: daß größter Edelmuth, Gemüthszartheit, bei leicht aufbrauſendem Tem=peramente, Mißtrauen, Abgezogenheit von der ihn umgeben=den Außenwelt, ſonſt aber gerne ſarkaſtiſche Wißelei Beet=hoven's Charakter=Eigenſchaften waren. Es bedarf hier keiner beweiſenden Thatſachen für die Erhabenheit ſeines Gemüthes; denn ein Blick in ſein zu Heiligenſtadt im Jahre 1802 ver=faßtes Teſtament, ein Blick in ſeine vielfach veröffentlichten Briefe, zumal jene an ſeinen Neffen, ſeine Handlungsweiſen überhaupt zeugen zur Genüge, welchen edlen Sinnes er war. Sein Mißtrauen gründete auf ſeiner unglückſeligen Taubheit, die leicht auftauchenden Zornesausbrüche*) wurden durch die allzeit baldige Selbſterkenntniß und Selbſtüberſchäßung ſeines etwa begangenen Fehlers gegen Andere gar bald und in liebevollſter Weiſe wieder gut gemacht.**)

---

*) Siehe: Wegeler und Ries's biogr. Notizen S. 129 und 132: Briefe Beethoven's an Ferd. Ries über Stephan von Breuning, u. a. m.

**) Siehe ſpäter (S. 47) Beethoven's Verzeihungsbrief an Stephan von Breuning. —

In ganz beſonders prägnant bezeichnender Weiſe giebt Dr. Aloys Weißenbach „Charakteriſtiſche Züge“ Beethoven's (ſiehe „Beet=hoviana“, Aufſ. und Mittheilungen von Guſtav Nottebohm).

Seine Abgezogenheit von der Außenwelt bekundete sich mitunter in wahrhaft außergewöhnlichen Eigenthümlichkeiten. So z. B. ließ er es sich nicht anfechten, fast seiner sämmt= lichen Bekleidung sich zu entledigen und diese dann über dem Stocke auf der Achsel zu tragen, wenn er die Sommerhitze auf seinen Spaziergängen in einsamen Wäldern zu drückend fühlte. Namentlich soll er dieß in den von ihm mit Vor= liebe besuchten Waldungen zwischen Baden und Gaden sich erlaubt haben; so daß mein Vater wiederholt die Besorgniß aussprach, es könnten gelegentlich deßhalb ihm Unannehmlich= keiten von Seiten ihm Begegnender widerfahren.

Seiner Zerstreutheit hätte er einstens auch nahezu den Verlust der ganzen Einnahme der zu seinem Vortheile ver= anstalteten Aufführung seiner „Schlacht bei Vittoria" in Wien zu beklagen gehabt. Er hatte die an der Kasse ein= gegangene Summe leichtfertig unter den Rock gesteckt, sie aber am Josefstädter Glacis verloren. Glücklicherweise händigte ein Nachgehender sie ihm wieder ein; er aber, das Packet lakonisch übernehmend (— Ehrlichkeit war ihm ja selbst= verständlich —) machte nicht viel Federlesens aus dem Um= stande, und ging seines Weges weiter.

Bekannt ist das Begebniß mit dem Manuscripte seines Kyrie aus der D=Messe, das ihm bei dem Umzuge aus der Stadt in die Döblinger Landwohnung für einige Zeit ab= handen gekommen war. Bestürzt über den Verlust fand er es durch Zufall als Einwicklungspapier von Butter u. dgl. in seiner Küche wieder, wozu es seine Köchin als vermeint= liche Makulatur verwendet hatte.

Von Schindler bereits erzählt ist der Umstand, wie er während der Composition des Credo zu derselben Messe in Mödling ein Paar Tage zu keiner Nahrung gelangt und,

3 *

ohne es gewahr zu werden, ohne Hut, den ihm der Sturm entführt, nach Hause gekommen.

Zu solchen Zerstreutheiten zählt ferner jene Thatsache: daß er in das damals neben der „Mehlgrube" (jetzt Hôtel Munsch) bestandene Gasthaus zum „Schwan" eingetreten, in der Absicht, dort zu Mittag essen zu wollen. Er klopft dem Kellner, dieser kömmt nicht gleich, klopft abermals, zieht mittlerweile sein Notenheft aus der Tasche und beginnt darin zu componiren. Endlich frägt sich der Kellner an, wird aber von dem tauben Meister nun nicht mehr wahr=genommen. Da er dem Kellner ein bekannter Gast, entfernt sich dieser wieder bis auf weiteres, und Beethoven schreibt eine längere Weile in Gedanken vertieft fort, klopft mit einemmal wieder, und — begehrt zu zahlen, obgleich er nichts gegessen hatte.

Dagegen gehört wohl wieder zu den gesuchten Ueber=treibungen, wenn erzählt wird: daß Beethoven zur Zeit, als er in der Vorstadt „Landstraße" gewohnt und in das dort befindliche Gasthaus „zum Rothen Hahn" gegangen, wenn die bestellten weich=zu=kochenden Eier zu hart gesotten ihm vorgesetzt worden, dieselben dem Kellner nachgeworfen hätte. (Eine von Beethoven eine Zeit lang öfter besuchte Weinhandlung ist u. a. jene in dem linken Eckhause der Himmelpfort= zur Rauhensteingasse befindliche: „zur Stadt Triest"; auch das „Jägerhorn" in der Dorotheengasse. Den Erfolg seiner von dem Schuppanzigh=Quartette aufgeführ=ten Kammer=Musik=Compositionen aber wartete er gerne in einer Ecke des Bierhauses zum „Igel" am Wildpretmarkte ab, dem Hinterhause des bis zum J. 1869 bestandenen Saales der Gesellschaft der Musikfreunde).

Zeugen die oben erzählten Vorkommnisse, deren ähn=liche noch eine Menge mitzutheilen wären, von Beethoven's

oftmals völliger Abgezogenheit von der materiellen Umgebung,
so fehlte es überhaupt nicht an bezeichnenden Eigenthümlich=
keiten seines sarkastisch=humoristischen Charakters.

So äußerte Grillparzer sich gegen mich (es war bei
Gelegenheit eines Besuches im März 1860): „Beethoven
machte gerne und oft Späße, die so ganz aus der Art des
gesellschaftlichen Lebens hinausschlugen. Seine Launen arte=
ten mitunter geradezu in Widerwärtigkeiten aus, und doch
lag bei all diesen Extravaganzen etwas so unaussprechlich
Rührendes und Erhebendes in ihm, daß man ihn hochschätzen
mußte, und sich an ihn gezogen fühlte. Nur zum näheren
Umgange war er eigentlich nur für Freunde geeignet, die ihn
von der wahren Seite nahe kannten und Beweise der Acht=
barkeit von ihm hatten. Dazu kam noch, daß die Conver=
sation mit ihm im Allgemeinen sehr beschwerlich war; denn,
abgesehen davon, daß man stets schreiben mußte, sprang er
im Sprechen oft auf einen anderen Gegenstand über, wäh=
rend man noch schrieb; da mußte man ihn dann, bis man
fertig war, erst an das vorhergegangene Gespräch wieder
erinnern, und da gab es leicht Verwirrung, u. s. w. So
kam es, daß er, da er bei seiner Unbehülflichkeit im gesel=
ligen Leben doch immer Leute um sich brauchte, nur wahre
Freunde, die ihm ganz ergeben waren, oder solche Leute um
sich haben konnte, welche seinen Umgang um des Interesses
wegen suchten."

Indem ich bei dieser Aeußerung darauf anspielte, daß
die Feinde Schindler's diesen häufig der letzteren Absicht
beschuldigten, eben um — bei meiner Wohlmeinung für
Schindler gegenüber jener einiger meiner Bekannten —
Grillparzer's Urtheil hierüber zu erfahren, fuhr er fort:
„Anbetrachts Schindler's werde ich übrigens nie vergessen,
wie schmerzhaft durchdrungen er war, als er mir Beethoven's

nahe bevorstehendes Ende mittheilte." Und dann weiter:
„Da er schon nach ein Paar Tagen mir Beethoven's Ende
anzeigte, geschah es, daß meine für Beethoven verfaßte
Grabrede, wenigstens im letzteren Drittheile nicht mehr so
gut ausfiel, als ich sie gemacht hätte, wenn ich, statt sie so
unvorbereitet schreiben zu müssen, noch mehr Zeit dazu ge=
habt hätte; denn ich war zu sehr von der Nachricht erschüt=
tert, und, wenn ich von einer Sache ergriffen bin, kann ich
nicht mehr gut arbeiten. So erging es mir z. B. auch da=
bei, als ich die Klage Ottokar's über der Leiche seiner Frau
machte, daß ich mit Einem Male zu sehr gerührt wurde
und mir die Thränen in die Augen kamen. Das ist bei
uns: man soll zwar in der Situation sich fühlen, empfinden,
aber doch über derselben stehen."

Als bezeichnende Erlebnisse mit Beethoven erzählte
Grillparzer mir weiters: „Ich besuchte Beethoven einst
in seiner Wohnung: Ungargasse zunächst dem Glacis. Er
stand eben am Klavier und hielt die Hände auf den Tasten.
Als er mich sah, schlug er lachend mit beiden Händen kräf=
tig in die Tasten, und ging vom Klavier weg. — Wahr=
scheinlich wollte er mir damit anzeigen: Du meinst wohl, ich
würde Dir etwas vorspielen, aber ich thue es doch nicht. —
Ich bat ihn auch nicht."

Daß Grillparzer dieß Benehmen in solcher Weise
auffaßte, dazu gab ihm wohl folgendes Erlebniß Vermuthung:
„Er und wir, d. h. auch meine Mutter", (erzählte er mir)
„wohnten in demselben Hause in Heiligenstadt; er nach der
Gasse, wir nach dem Garten zu, hatten aber eine gemein=
schaftliche Stiege und Hausflur. Wenn er spielte, hörte man
es im ganzen Hause. Um es aber besser zu vernehmen,
öffnete meine Mutter oft die Küchenthüre, die mehr an seine
Wohnung anstieß. Einstens trat sie vor dieselbe hinaus auf

den Flur, und zwar nur auf jenen Theil, der vor der
Küchenthüre, also füglich noch zu unserem Wohnungsantheile
gehörte. Beethoven hörte zufällig eben dann auf, und trat
vor seine Thüre, auch auf den Gang. Als er meine Mut=
ter bemerkte, ging er rasch zurück, kam mit aufgesetztem
Hute wieder heraus und stürzte fort, und — niemals spielte
er mehr den ganzen Sommer über. Vergebens ließ meine
Mutter durch seinen Bedienten ihm, der damals noch hörte,
sagen: sie wäre bloß zufällig auf dem Gange gewesen, gar
nicht in der Absicht, auf ihn zu hören. Auch ließ sie die
Küchenthüre sperren. Niemand durfte von ihr aus mehr
über diese Stiege gehen, sondern Alles ging fürder bei'm
Garten hinab und durch den Hof aus. — Er spielte doch
nicht mehr."

Und weiters fuhr Grillparzer in seinen Mittheilun=
gen gegen mich fort: „In Hetzendorf war es, wohl um das
Jahr 1823 oder 1824, wo ich so recht, am meisten, mit
Beethoven verkehrte. Einstmals besuchte ich ihn. Stellwagen
gingen damals noch nicht; ich hatte also einen Fiaker genom=
men. Als ich wieder nach Wien zurück wollte, sagte er mir,
er wolle mich begleiten. Ich meinte, er würde bloß allen=
falls ein Stück Weges mit mir fahren wollen; doch er fuhr
bis zum Burgthore mit. Da ließ er anhalten, stieg aus,
lief wie toll davon, und in einiger Entfernung lachte er laut
auf und sah sich fortan nach mir um. Ich wußte nicht,
was es zu bedeuten hätte, — als ich neben mir auf dem
Wagensitze ein zusammengefaltetes Papier gewahrte. Es
waren sechs Gulden Wiener Währung, der Lohn für den
Fiaker, und — das war es also: daß er sich gefreut, mich
überlistet zu haben. — Von einem anderen hätte ich einen
solchen Vorgang wohl als Beleidigung aufgenommen." — —

(Diese beiden Erzählungen sind seitdem in Grillparzer's gesammelten Werken mitgetheilt erschienen.)

„Eben so speiste ich" — setzte Grillparzer noch hinzu — „nebst Schindler einstmals bei ihm in Hetzen= dorf; da brachte er aus dem Nebenzimmer fünf Flaschen Rothwein: eine stellte er vor Schindler, eine vor sich, und drei vor mich, mit der Bedeutung: da möge ich mich jetzt satt trinken!"

Uebel zu sprechen aber war Grillparzer über Beethoven betreffs der ihm in seinen letzten Lebenstagen aus England zugekommenen („vorläufigen") Geldsendung von 100 Pfund Sterling. Als ich im Gespräche mit Grillparzer diesen Umstand berührte, sprach sich ganz und gar dessen vorherrschend patriotische Gesinnung in seiner gewohnten un= verhohlenen Meinungsäußerung folgendermaßen aus: „Auch in Wien hat man ihm ja Unterstützung genug gegeben, so daß er das Almosen (anderes waren die 100 Pfunde nichts, denn man hätte ihm ja eine Pension auswerfen können) nicht brauchte. Erzherzog Rudolf, Lichnowsky, Lobkowitz hatten ihm ja die Pension zugesichert, und nichts dafür ver= langt, nicht einmal gefordert, daß er sich dafür bedanke oder sie ansähe, und — er hat es auch wahrhaftig oft getreu darnach gethan. — Und doch", fügte Grillparzer gleich wieder hinzu, „lag bei allen seinen Launen, die, wie gesagt, oft an Widerwärtigkeiten gränzten, etwas so unaussprechlich Rührendes und Erhabenes in ihm, daß man ihn hochschätzen mußte und sich an ihn gezogen fühlte" u. s. w.

Katharina Fröhlich, die jüngste der drei Schwestern dieses Namens, überdieß vielfach bekannt als Jugendfreun= dinnen Franz Schubert's, bei welchen (in der Spiegel= gasse 21) Grillparzer seit 1848 in traulicher Behau= sung bis an sein Lebensende wohnte, erzählte mir (es war

auch im März 1860): „Beethoven wohnte in unserem
väterlichen Hause in Döbling (links, schlösselähnliches Haus
nach jenem Prof. v. Jäger's, jenseits des Baches, im Hof=
trakte, erster Stock). Wenn er eben mürrischer Laune war
und sich Niemand zu ihm getraut, wurde ich, damals war
ich ein Kind, oftmals mit der Augsburger Allg. Zeitung —
seiner bevorzugten Lectüre — zu ihm gesendet. Er lächelte
alsdann meist mir zu, setzte sich wohl auch bisweilen an das
Klavier und phantasirte. Er liebte es dabei, mit der linken
Hand F=Accorde zu greifen und mit der rechten auf und ab
über die Tasten zu wischen, mit phantastischen Geberden.
Einmal ward er dabei so wilden Ausdruckes, daß ich mich
zu fürchten anfing und fortgehen wollte. Er aber winkte
mir dann zu bleiben, gebieterisch mit dem Finger mich gleich=
sam anweisend, mich nieder zu setzen, und spielte dann ge=
mäßigter." —

Interessant ist jene Episode, welche, mir seit mehreren
Jahren bereits bekannt, Ed. Hanslick (Neue freie Presse,
1870) zum ersten Male veröffentlichte: „Beethoven als
Liebesbote". Ludwig Löwe war 1811 in Töplitz (Böh=
men) und hatte mit der Wirthstochter Therese ein Liebes=
verhältniß. Er kam deßhalb immer erst, wenn die anderen
Gäste fort waren. Beethoven, zur selben Zeit in diesem
Badeorte, kam, da er schon schwerhörig und darob hypochondrisch
war, deßhalb später, um Niemand zu treffen. Der Vater
des Mädchens entdeckte das Verhältniß, stellte Löwe zur
Rede, und dieser blieb freiwillig aus, um das Mädchen zu
schonen, welches er sehr liebte. Nach einiger Zeit begegnete
er Beethoven im Curgarten, und dieser, welcher ihm immer
sehr zugethan gewesen, frug Löwe, warum er nicht mehr
zum „Stern" komme. Löwe vertraute ihm sein Geheimniß,
und bittet nunmehr Beethoven, ob er ihm nicht ein Brief=

chen an Theresen besorgen wolle. Beethoven sagte ihm dieß
nicht nur freundlich zu, sondern erbot sich auch, die Rück=
antwort zu besorgen. Die Correspondenz wurde auf solche
Weise eine Zeit lang bestellt. — Löwe weiß nicht, wann
Beethoven abgereist, kam dann nach Prag, nachdem sich die
Liebenden Treue gelobt; doch wenige Wochen darnach erhielt
Löwe die Todesnachricht seiner Therese. — Im J. 1823
kam Löwe nach Wien, um Gastrollen zu geben, und besuchte
Beethoven, der sich aber an die Töplitzer Ereignisse nicht
mehr erinnerte. Da ihm Löwe davon wieder Näheres er=
zählte, nahm er innigen Antheil an seinem Geschicke, und,
als er ihm weiters mittheilte, er werde gastiren, erwiderte
Beethoven, er wolle, da er schon taub, Löwe in einem ihm
schon bekannten Stücke spielen sehen kommen. — Später
sahen sich Beide nicht wieder. —

Sehr authentische Bestätigungen oder theilweise Berich=
tigungen meiner Erinnerungen aus meinem Zusammenleben
mit Beethoven gewann ich durch ein letztliches Zusammen=
treffen mit Anton Schindler am 9. und 11. Juli 1863
in Bockenheim bei Frankfurt a. M., wo (28, Hasengasse)
dieser in seinen letzten Lebensjahren wohnte. — Aus diesen
wiederholt mehrstündigen, für uns Beide gar wehmüthig
traulichen Zwischengesprächen aus und über längstverflossene
Zeit folgendes:

„Es schien, als ob Beethoven mit manchen Personen
kaum anders als witzelnd verkehren zu können vermochte.
So nannte er z. B. Tobias Haslinger (früher Musikalien=
Handlung Steiner & Comp.) stets Adjutanterl, mit
besonderer Betonung des — wienerischen — erl, als An=
spielung auf seine secundäre Stellung zu Steiner." (Siehe
später auch Beethoven's Brief an Haslinger wegen der
Clementi'schen Klavierschule und einen ähnlichen in Notte=

bohm's „Beethoviana".) Ich sah bei Schindler einen
Canon, den Beethoven auf Graf Moritz Lichnowsky
componirt hat (im Manuscript natürlich), weil ihm dieser
einen ungünstig ausgefallenen Rathschlag — entsinne ich mich
recht: betreffs einer zu veranstaltenden Akademie — gegeben
hatte. Der Text dieses Canons lautet: „Lieber Herr Graf,
Sie sind ein Schaf". —

Diese Vorliebe, Späße, selbst absonderlichster Art, bei jeder
möglichen Gelegenheit anzubringen, begegnet man sehr häufig
bei Beethoven. So fand ich ein Blatt (Brief) von Beethoven's
Hand, mit einem lakonischen Auftrage in seiner oftmals be=
liebten Lapidarschrift — mit Dinte — beschrieben. Darunter:
„Datum, ohne zu geben." —

A. W. Thayer zeigte mir einen Brief Beethoven's,
überschrieben: „Lieber Holz, vom Kreuze Christi!" u. dgl. m.

Ich besitze auch ein eigenthümliches Schreiben Beethoven's.
Auf einem ganzen, auf meines Vaters Schreibpulte vor=
gefundenen, ungefalteten Bogen Conceptpapiers steht der
ganzen Ausdehnung und Quere des Papiers nach — mit
Bleistift — geschrieben:

„Für Herrn

Hof-Sekretär von Brenning."

Auf der Kehrseite derselben Bogenhälfte:

„Wenn Du vieleicht
über die Glacis heute
spazieren gehst findest
Du mich zwischen 4
und 5 Uhr. —"

Und weiters Schindler: „Im Winter 1822—23
wohnte Beethoven in der Kothgasse 61 (jetzt Gumperdorfer=
straße 14), im zweiten Stocke, mit der Aussicht auf die
Pfarr= (jetzt Leimgruben)gasse 20". In diesem Hause hatte
er zu seinem großen Mißbehagen viel von der Grobheit des

Hausmeisters zu leiden. Auch erhielt er daselbst die bekannte Neujahrsgratulation seines Bruders Johann als „Guts= besitzer", die er sofort mit Ludwig van Beethoven „Hirn= besitzer" auf der Kehrseite der ihm gesendeten Visitenkarte umgehend erwidernd berichtigte. „Es war zur Zeit, als er an der neunten Symphonie dichtete. Von da zog er mit beginnendem Sommer nach Penzing in das jetzt noch stehende schlösselähnliche Haus (dermalen 62, Parkgasse) zunächst des — damaligen hölzernen — Steges für Fußgeher über den Wienfluß, welches Haus einem Schneider gehörte. Er pflegte sich des Morgens am Fenster zu rasiren, und, da sein Aufenthalt bald bekannt wurde, benützten die den Steg Passirenden die Gelegenheit, bei diesem Morgengeschäft am Fenster ihn zu betrachten. Dieß begann Beethoven allgemach zu verdrießen, und, als die Leute fortan im Vorübergehen auf dem Stege stehen blieben, um ihn anzusehen, beschloß er, die Wohnung im Stich zu lassen. — Er miethete sofort in Hetzendorf in der schönen Villa (jetzt 32, Hauptstraße) des Baron Pronay vier Zimmer für 100 Gulden Wiener Wäh= rung. Der Baron, welcher für Beethoven die größte Hoch= achtung und Verehrung hegte, hatte ihm den großen Park zur freien Benützung gestellt, und sich einzig und allein aus= bedungen, daß Beethoven nur in dem einen seiner Zimmer, welches dem Garten zugekehrt war, des Abends keinen Lärm machen solle, weil er unter demselben selbst und zwar sehr leise schliefe. Es ging anfänglich Alles sehr gut. Als aber der Baron aus überschwenglicher Ehrerbietung vor Beethoven diesem, so oft er ihn begegnete, tiefe Verbeugungen machte, und Beethoven dies gewahr wurde, begann er sich unheim= lich im Hause zu fühlen. Um dieß den Baron geradezu merken zu machen, suchte er sich demselben so unangenehm als möglich zu erweisen: Er soupirte von nun an absichtlich über seinem Schlafzimmer, und als Schindler, der für einen mehrtägigen Besuch zu ihm gekommen war, ihn auf die gestellte Bedingung wegen dieses Zimmers aufmerksam machte, begann er erst recht sich hörbar zu machen, mit den Fäusten auf den Tisch zu trommeln, denselben hin und her zu stoßen, u. s. w. Schindler mißbilligte dieß Benehmen und verließ endlich das Zimmer. Folgenden Morgens erklärte er Beethoven, nach Wien zurückkehren zu wollen, und dieser erwiderte nur darauf: „Sie werden doch vorher noch Kaffee nehmen?!" — — — Beethoven waren die fortgesetzten Complimente seines ihn so hochverehrenden Hausherrn nichts desto weniger einmal unangenehm, und er vertauschte diese reizende Wohnung mit einer anderen in Baden (Rathhausgasse 94), obgleich dort ein Schlosser*) wohnte. — So geschah es, daß Beethoven in diesem Jahre vier Wohnungen zu gleicher Zeit besaß, und in dieser selben Zeit hatte er, wie schon gesagt, die neunte Symphonie eben begonnen!" —

Für kommenden Winter 1823—24 zog er in die Ungargasse in das linke Eckhaus zur Bock= (jetzt Beatrix=) Gasse 5, mit der Aussicht in letztere;

im Sommer 1824 wieder nach Baden;

im Winter 1824—25 in die Krugerstraße 1009 (neu: 13), rechts die Stiege, zweiter Stock;

im Sommer 1825 wieder nach Baden, von wo er dann

---

*) Dr. Hermann Rollett hat in seinem Schriftchen: „Beethoven in Baden". Mitgetheilt zur Feier des 17. December 1870. (Aus dem Wochenblatt: „Badener Bote".) Druck von J. Grätz in Baden bei Wien. Verlag des Verfassers —, Alles zusammengestellt, was eine Beziehung Beethoven's zu Baden enthält oder andeutet, und sagt (S. 7), es soll heißen: statt Schlosser= Kupferschmiede= meister.

im Herbste in das Schwarzspanierhaus (Alservorstadt, alt
200, neu 5) — zum letzten Male — umzog. —

Beethoven's Bruder hieß eigentlich Caspar Carl,
ließ sich aber mit Vorliebe Carl, des schöneren Klanges
wegen, nennen. — Hierbei will ich das Zerwürfniß erwäh=
nen (siehe S. 2), welches Beethoven und meinen Vater
wieder einmal, wie zeitweilig, und zwar diesmal für längere
Zeit ernstlicher entzweit hat. Caspar Carl war in Wien
Beamter, Kaffier; sein Charakter nicht von gutem Rufe.
Ein Freund meines Vaters, dem davon Kunde geworden,
fand sich veranlaßt, meinem Vater darüber Nachricht zu geben,
in der Absicht, daß dieser, ohne die Quelle zu nennen, wofür
er sein Ehrenwort zu verpfänden hatte, Ludwig vor seinem
Bruder warne: sich mit ihm nicht in Geldverhältnisse ein=
zulassen. Mein Vater erfüllte treulich seine übernommene
Aufgabe. Ludwig aber, in seinem niemals ermüdenden
Bestreben, seinen Bruder bessern zu wollen, that nichts eiliger,
als denselben über seine Handlungsweise zur Rede zu stellen,
und ihm die vernommenen Klagen über sein unlauteres Ge=
bahren vorzuhalten; er ging so weit, auf dessen Andringen
nach dem Ursprunge jener Nachricht, seinem Bruder den Na=
men seines Freundes Steffen zu nennen. Caspar wendete
sich nun direct an meinen Vater, und begehrte von ihm den
weiteren Urheber dieser „Denunciation" zu erfahren, und,
als mein Vater diesen Namen (Rösgen) zu nennen, stand=
haft sich weigerte; erging sich Caspar in den niedrigsten Be=
schimpfungen, die so weit gingen, daß er Briefe ehrenrühri=
gen Inhaltes unversiegelt an ihn bei dem Portier des Hof=
kriegsrathes abgab. Mein Vater, durch diese Frechheit und
durch Ludwig's Wortbrüchigkeit geärgert und verletzt, hielt
diesem eine scharfe Strafpredigt, die damit endete, daß er
ihm erklärte, solcher Unverläßlichkeit wegen mit ihm nicht

weiter verkehren zu können. Die Spannung zwischen den beiden Freunden hielt längere Zeit an, — bis Ludwig jenen unvergleichlichen Versöhnungsbrief geschrieben:

„Hinter diesem Gemählde*) mein guter, lieber St. sey auf ewig verborgen, was eine Zeitlang zwischen uns vorgegangen — ich weiß es, ich habe Dein Herz zerrissen, meine Bewegung in mir, die Du an mir gewiß bemerken mußtest, hatte mich genug dafür gestraft, Boßheit war's nicht, was in mir gegen Dich vorging, nein ich wäre Deiner Freundschaft nie mehr würdig, Leidenschaft bei Dir und bei mir — aber Mißtrauen gegen Dich ward in mir rege. — Es stellten sich Menschen zwischen uns — die Deiner und meiner nie würdig sind; — mein Portrait war Dir schon lange bestimmt, Du weißt es ja, daß ich es immer Jemand bestimmt hatte, wem könnte ich es wohl mit dem wärmsten Herzen geben, als Dir treuer, guter, edler Steffen — Verzeih mir, wenn ich Dir wehe that; ich litte selbst nicht weniger, als ich Dich so lange nicht um mich sah, empfand ich es erst recht lebhaft, wie theuer Du meinem Herzen bist, und ewig seyn wirst.   Dein

(die Unterschrift fehlt)

(Ohne Datum.)

— Du wirst wohl auch wieder so zutraulich in meine Arme fliehen, als sonst. —"

(Von Außen: „Pour Mr. de Breuning.")

Daß solch herzlichem Entgegenkommen die aufrichtigste Versöhnung der beiden gerade ob ihrer zartfühlenden Freund-

---

*) Es ist dieß das wohlgetroffene Miniatur = Portrait Beethoven's von Horneman 1802, das in meinem Besitze und als Beigabe zu diesem Buche zum ersten Male veröffentlicht erscheint.

schaft wegen entzweit gewesenen Freunde auf dem Fuße
folgte, versteht sich aus der Natur der Sachlage. —

Doch seines Bruders Geldverlegenheiten hatten Ludwig
leider schon veranlaßt gehabt, bei Frau von Brentano in
Frankfurt a. M. 2300 Gulden zu leihen zu nehmen, beiläu=
fig in dem Jahre 1810 oder später, welche Schuld Ludwig
aber erst um 1823 zurückstellte. Um dieser ihm gewordenen
Gefälligkeit wegen habe Beethoven damals (so Schindler)
längere Zeit hindurch wiederholt geäußert: daß er nur wahre
Freunde in Frankfurt habe. —

Von anderweitigen Beziehungen auf Beethoven theile
ich aus diesen meinen Besprechungen mit Schindler noch
mit:

„1803 componirte ich auf einem dieser Baumsättel den
„Christus am Oelberge"" — sagte Beethoven zu Schindler —,
auf einen aus der Wurzel doppelstämmig sich entfaltenden
Baum hinweisend, an der Stelle, wenn man von dem Hetzen=
dorfer Thore des Schönbrunner Gartens nach dem Gloriette
hingeht, zur Linken. Er wußte aber selbst nicht mehr ge=
nau denselben Baum herauszufinden, da deren mehrere
gleich geformte dort stehen. Es mag um 1817—1825 ge=
wesen sein, als er mit Schindler dort war.

Als Beethoven mit demselben ein andermal längs des
Nußbaches bei Heiligenstadt spazieren ging, sagte er ihm auf
einen (jetzt durch die seit 1863 dort aufgestellte Bronze=
Büste aus Fernkorn's Atelier bezeichneten*)) Baum hin=
weisend: „Hier habe ich die „„Scene am Bach"" (Pastoral=
symphonie) componirt." (Ausführlicheres über diesen Spa=
ziergang: Schindler I., p. 154.)

---

*) Beethoven=Monument in Heiligenstadt bei Wien. Wien
(Zamarski und Ditmarsch) 1863.

Von der bereits in Angriff genommenen 10. Sympho=
nie bestehen einzelne Skizzen und zwar das Thema des
ersten Satzes und jenes des Scherzo's, welch letzteres (nach
der Art, wie mir es Schindler vorsang) dem Thema des
ersten Satzes der fünften Symphonie ähnlich sein dürfte.
Beethoven hatte vor diese Skizzen einfach geschrieben: „X.
Symphonie". Schindler veröffentlichte dieselben im Musi=
kalisch=kritischen Repertorium für Musik. Leipzig 1824, bei
Whistling.

Beethoven's Copist durch 30 Jahre war Schlemmer.
Es war das Copiren seiner Manuscripte eine schwierige Ar=
beit, und nur wenige konnten ihr gerecht werden. Schlemmer
wohnte am Graben, unweit des Kohlmarktes, in dem Hin=
tertracte eines Hauses. Er hatte geschulte Unterarbeiter,
und namentlich unter diesen einen langjährigen, welcher im
Fischhofe (dann Galvagnihofe) am Hohen Markte, wie
meine Mutter mir erzählte, in einem düsteren Nagelschmied=
gewölbe unter dem Durchgangsthore seine Copien gemacht
haben soll. —

Unter Anderen frug ich auch: wie sich die Geschichte
verhielt, daß Hummel in seinem (Schindler's) Concerte ge=
spielt, nachdem er seine Mitwirkung dem bereits todtkranken
Beethoven zwar zugesagt, nach dessen inzwischen eingetretenem
Ableben aber — meines Entsinnens — wortbrüchig von sich
abweisen wollte.

Ganz eigenthümlich überraschte es Schindler, daß ich
mich dieses in seiner Beethoven=Biographie (dritte Auflage,
S. 198) absichtlich verschwiegenen Zwischenfalles erinnerte,
und er erzählte mir hierauf folgendes: „Nun, da Sie sich des=
sen wirklich noch erinnern, will ich Ihnen den Sachverhalt
mittheilen. Ja, es ist wahr, daß Hummel, obgleich er
Beethoven auf seinem Sterbebette Mitte März zugesagt

4

hatte, statt seiner in meinem Concerte am 7. April 1827
im Josefstädter Theater zu spielen, nach dessen Tode sein
Wort zurücknehmen wollte. Doch Hummel's Frau, geb.
Röckel, die noch in Weimar als Witwe lebt, ward einst von
Beethoven geliebt, — er wollte sie heirathen; aber Hum=
mel hatte sie ihm weggefischt. Als diese von mir den ge=
änderten Entschluß ihres Mannes hörte, antwortete sie mir:
„„Ich bewahre fortan so viel Zuneigung für Beethoven's
Andenken, daß ich dieß nicht zulassen werde. Machen Sie
keinen Schritt bei meinem Manne; ich verspreche Ihnen, daß
er Ihnen spielen wird.““ — Und Hummel spielte wirklich,
und zwar phantasirte er über ein Thema Beethoven's in
unvergleichlich schöner Weise."

Ich entsinne mich noch des enthusiastischen Beifalls, den
Hummel an jenem Abende von dem durch Beethoven's vor
wenig Tagen erfolgten Tod noch durchschütterten Publikum
erfahren; da ich mit meinem Vater dem Concerte beige=
wohnt habe.

Schindler zeigte mir bei dieser Gelegenheit auch eine
nahmhafte Anzahl Briefe Beethoven's an ihn, ebenso auch
von Meyerbeer, Humboldt, der Ungher u. a.; —
auch ein Packet noch, wie es Beethoven mit Bindfaden zu=
sammengebunden und hinterlassen, worin mehrere gedruckte
Operntextbücher und Operntext=Manuscripte behufs Com=
positionswahl sich befanden.*)

Ferner sah ich in Schindler's Besitz aus dem Nach=
lasse Beethoven's: Die Odyssee und Sturm's Betrach=

---

*) Grillparzer's Melusine, die, für Beethoven eigentlich ge=
schrieben, auch darunter war, aber mit welcher es auch nicht zur
Ausführung gekommen, hat dann bekanntlich Conradin Kreutzer
in Musik gesetzt.

tungen über die Worte Gottes (Reutlingen 1811, 2 Bände)
— mit mehrfachen eigenhändigen Rand=Anstrichen und =Be=
merkungen Beethoven's, welche aber theilweise vom Buchbin=
der — noch bei seinen Lebzeiten — beim Einbinden durch=
schnitten worden waren.

Auch einen Brief meiner Mutter an Schindler fand
ich vor, worin sie schreibt: daß Hotscheva (des Neffen
Carl Vormund nach meines Vaters Tode) Papiere heraus=
gefolgt haben will, und — daß sie in die Lage versetzt wor=
den, Schindler gegen jenen zu vertheidigen.

Einen gar eigenthümlich wehmüthigen und dabei doch
freudigen Eindruck auf mich machte das Wiederfinden so
mancher Gegenstände, welche ich in jener längst vergangenen
Zeit so oft, ja täglich gesehen: sein Spazierstock aus Zucker=
rohr, seine plumpe silberne Brille, das altmodische Monocle
sammt Schnur, zwei Petschafte aus Messing, von denen der
Stiel des einen gebrochen, L v B verschlungen gebend, zwei
als Schwersteine von ihm verwendete Kosakenstatuetten, die
er einmal gekauft hatte und die auf seinem Arbeitstische standen,
eine auf drei Füßen stehende Handglocke aus Metall u. dgl. m.

All dies beabsichtigte Schindler an die königliche
Bibliothek in Berlin nach seinem Tode zu bestimmen, „nach=
dem dieselbe bereits den größten Theil der Conversations=
hefte u. m. a. käuflich an sich gebracht, und daselbst eine
Art Beethoven=Museum errichtet werden sollte." — Dabei
bemerkte mir Schindler, daß es im Zuge sei, auf zehn
Jahre hinaus die Einsicht in diese in der königlichen Biblio=
thek zu Berlin befindlichen Beethoveniana für Jedermann
zu untersagen. — (Als ich dieß erfuhr, fühlte ich mich ge=
drungen, ihn zu ersuchen: er möge bei weiterer Uebergabe
der noch in seinem Besitze befindlichen Gegenstände für mich
— aus selbstverständlichem Beweggrunde — in dieser Hin=

4 *

ſicht eine Ausnahme bedingen, was Schindler mir auch
ohne weiters verſprach.)

Schindler ſchenkte mir während meines letzten Be=
ſuches bei ihm ein copirtes Notenheft: Fragment aus dem
Terzette in A-dur aus Fidelio mit eigenhändigen Correcturen
Beethoven's: „Ich labt' ihn gern, den armen Mann ....“
— Noch einige Male nach dieſem meinem letzten Beſuche in
Bockenheim wechſelte ich Briefe mit Schindler von Wien
aus. Bevor ich das mir geſchenkte Notenheft aus Fidelio
verſprochenermaßen zugeſendet erhalten hatte, — ſtarb
Schindler (geb. 1796 in Medl in Mähren) am 16. Ja=
nuar 1864. Seiner Schweſter Sohn Eglow aber übergab
mir bald darauf, in treuer Befolgung der Beſtimmung ſeines
Oheims, daſſelbe in Wien. Ich fand auf demſelben von
Schindler's Hand geſchrieben: „A. Schindler Herrn
Dr. Gerhard von Breuning als augenſcheinlichen Be=
weis, wie Beethoven ſeine Manuſcripte zu corrigi=
ren pflegte. Vgl. Biographie v. Beethoven, II, 340.“

Nach ſo vielfältigem Wohnungswechſel alſo ſollte, ſo
hatte es das mißgünſtige Geſchick gewollt, der große
Mann nun ſeine letzte Wohnung — zu traulich nachbar=
lichem Familienverbande voll lieber Jugenderinnerungen —
im Schwarzſpanierhauſe finden, und zwar um die, Ein=
gangs erwähnte, Michaeli=Umziehzeit. Es war in der
Zeit zwiſchen dem 29. September und 12. October 1825,
als Beethoven dieß Haus am Alſervorſtädter Glacis, alt:
200, neu: Schwarzſpaniergaſſe, 5, bezog.

Wenn man von der Innigkeit unſerer Freude ob dieſes
Ereigniſſes auf deren Dauer zu ſchließen berechtigt geweſen
wäre, ſo hätte dieſe wahrſcheinlich zu längerer Ausdehnung

sich gestalten müssen. Doch es war leider anders im räth=
selvollen Buche des Schicksals verzeichnet. Das durch diese
unsere enge Nachbarschaft sofort angebahnte, ja im wahren
Sinne des Begriffes für meine Eltern verjüngte freundschaft=
liche Zusammenleben sollte nur zu einer überaus erhebenden,
aber desto kürzeren Episode für meine Jugendzeit werden,
um desto unerwarteter und empfindlicher für mein ganzes
Leben fast mit einem Male zu enden. — So kurz aber
diese Episode, so tief haben sich die Begebenheiten während
derselben in dem Gemüthe des damals überglücklichen zwölfjäh=
rigen Knaben eingeprägt, und, wenn derselbe nach den sie
endenden schweren Schicksalsschlägen auch in ganz andere
Lebensverhältnisse geworfen wurde, einer ganz verschieden=
artigen Lebensrichtung zugewendet worden, so blieben doch
die innerhalb jener schönen Zeit erlebten Eindrücke unaus=
löschlich in seinem Gedächtnisse.

Biographieen, Mittheilungen und selbst Anekdoten über
diese letzte Lebensepoche Beethoven's sind seitdem in Fülle
erschienen, und Manches ist erzählt und in die Oeffentlichkeit
geschleudert worden, was mehr der Erfindung als der Wahr=
heit angehört. Dieß sagt mir meine Erinnerung an jene
unvergeßliche Zeit, dieß bestätigt mir der theilweise Einblick
in die mir von daher noch wohlbekannten Conversationshefte,
dieß erwiesen mir meine letztlichen Besprechungen mit Schind=
ler, u. a. m. — So will ich denn versuchen, das mir Er=
innerliche aus jener Zeit wiederzugeben. Ich fühle mich
hierzu auch um so mehr berufen, als gerade über Beethoven's
letzte Lebenszeit unverhältnißmäßig mehr Unrichtiges und
überhaupt nur Spärlicheres bekannt geworden, ich aber
der einzige noch Lebende bin von jenen Wenigen, welche
Beethoven in dieser letzten Lebensepoche, zumal in seinen

letzten drei Lebensmonaten, d. i. während seiner Krankheit, täglich mehrstündig umgeben haben.

Der Zufall, daß Beethoven so nahe bei uns die Woh= nung gefunden, war auch ihm gar sehr willkommen, und höchst ungeduldig hatte er sich nach der Umziehzeit gesehnt; denn die gleich bei jenem ersten Begegnen (S. 2) an meine Mutter gestellte Bitte um sofortige Regelung seines niemals geordneten Hauswesens wiederholte er nunmehr bei jedem seiner einstweilen durch die Herstellung der neuen Wohnung häufig veranlaßten Besuche.

Die Wohnung war auch allerliebst. Das Schwarz= spanierhaus, am Alservorstädter Glacis, mit seiner Fronte gegen Süden, damals noch von keinen der seitdem erstande= nen Neubauten umgeben, gewährte weite Aussicht über das Glacis und die gerade gegenüber liegende innere Stadt mit ihren Basteien und Kirchenthürmen, links nach der Leopolds= vorstadt und darüber hinaus nach den überragenden Bäumen des Praters und der Brigittenau, nach vorne über den aus= gedehnten Exercierplatz der Josefstadt, die kaiserlichen Stal= lungen, Mariahilfer= und anderen Vorstädte und nur rechts war die Fernsicht durch das Rothe Haus, in dessen zweitem Stockwerke die von uns bewohnten 10 Fenster vom Haus= thore herwärts sich befanden, abgeschlossen. Das Haus, sammt der anstoßenden Kirche, — welche zu jener Zeit als Militair=Betten=Magazin benützt worden —, einst von den aus Spanien abgestammten Benedictinern gebaut, weist eine auf seine damalige Bestimmung abzielende Eigenthümlichkeit in der Anordnung seiner Fenster:

Um die Zimmer der Prälatenwohnung nämlich höher halten zu können, zeigt der Mitteltract des Hauses nur zwei Stockwerke in einer Reihe von neun Fenstern, während zu beiden Seiten drei Stockwerke mit je vier Fenstern die Fronte abschließen. Diese Fensteranordnung ist aber derart vertheilt, daß sämmtliche Fenster des obersten Stockwerkes in einer ununterbrochenen Reihe fortlaufen. Von diesen fangen Beethoven's Fenster im obersten (zweiten) Stockwerke mit dem fünften, von der Kirche aus gerechnet, an und hören mit dem neunten (jenem jenseits des Hausthores) auf.

Zur Wohnung gelangte man über die schöne Haupt= treppe. Im zweiten Stockwerke links durch eine einfache etwas niedere Thüre eintretend, befand man sich in einem geräumigen Vorzimmer mit einem Fenster (jenem über dem Hauptthore) nach dem Hofe. Aus diesem Vorzimmer gerade= aus kam man in die Küche und in ein großes Dienstboten= zimmer; sämmtlich, Alles in Allem mit vier Fenstern, nach dem Hofe sehend. Der sehr geräumige viereckige Hof des Hauses ist von drei Seiten durch das Gebäude selbst gebil= det, und war zur damaligen Zeit nach rückwärts von dem großen Hausgarten begränzt. Dieser letztere ist seitdem längst für Bauplätze verkauft worden und wurde durch die darauf gebauten Häuser eine Gasse gebildet, welche in gerader Richtung von dem Lackirergäßchen gegen jene obenangegebenen Vorzimmerfenster läuft, um dann im rechten Winkel in die Garnisonsgasse gegen den auch erst in späterer Zeit erbauten Neutract des Allgemeinen Krankenhauses einzumünden. Sie entstand solcherweise im Jahre 1845, ihr Name aber dadurch, daß Buchhändler Dirnböck als bedeutendster Häuserbesitzer daselbst, als man ihm vorgeschlagen hatte, diese Gasse nach seinem Namen benennen zu lassen, in anerkennenswerther Selbstverläugnung sie Beethoven=Gasse taufte.

Wenn Wegeler (Nachtrag, S. 11) bei dem Worte: Alser=Kaserne als Anmerkung die Erläuterung hinzufügt: „Die in den letzten Jahren neu errichtete Gasse, die Beethoven'sche, läuft hinter diesem Hause und dem zu den

Schwarz=Spaniern genannten, Beethoven's Sterbehaus, gerade
her", so muß diese der Wirklichkeit nicht deutlich entsprechende
irrthümliche Erläuterung der 49jährigen Abwesenheit Wege=
ler's von Wien zu Gute gehalten werden.

Aus dem Vorzimmer links aber tritt man in ein sehr
geräumiges Kabinet mit einem Fenster auf die Straße hin=
aus (es ist dieß jenes über dem Hausthore), aus diesem
links in ein gleiches mit einem Fenster, nach rechts aber aus
dem Eintrittskabinet in ein großes Zimmer mit zwei Fen=
stern, und aus diesem endlich abermals in ein großes Ka=
binet mit einem Fenster (es ist dieß das fünfte Fenster von
der Kirche ab), aus welchem Kabinet eine kleine Verbin=
dungsthüre nach dem Dienstbotenzimmer führt. Diese fünf
Fenster sehen nach dem Glacis. — Licht, Wärme, Geräu=
migkeit, meines Vaters Nachbarschaft u. A. m. gestalteten
diese Wohnung dem nach solchen Verhältnissen verlangenden
Beethoven zu höchst angenehmer Behausung. Die Wohnung
war mir aus früherer Zeit bereits bekannt; denn dieselben
Räumlichkeiten mit Einbeziehung des nunmehr davon getrenn=
ten Theiles der weiteren vier Fenster bis zur Kirche, zu
welcher anderen Wohnung eine besondere Schneckentreppe führt,
waren zu Anfang der 1820er Jahre von dem Feldmarschall=
Lieutenant Baron Minutillo bewohnt gewesen, dessen
Söhne meine Gespielen waren; (dieß zur Widerlegung, daß
die Wohnung eine ärmliche war). Die Wohnung besteht
noch dermalen in gleicher Eintheilung, wie zu Beethoven's
Zeit; nur mit der Küche war eben eine Verlegung vorge=
nommen worden, als ich am 29. März 1860, zufälliger=
weise dem 33. Begräbnißjahrestage des großen Todten mit
mehreren Freunden (A. W. Thayer, Prof. Linzbauer
sammt Frau und Herrn Sectionsrath Walther und Frau)
zum ersten Male wieder und wenige Tage darnach mit

meiner Familie die zu der Zeit leere Wohnung abermals
betrat.

Die Wohnung, Beethoven's cynische Lebensart genug=
sam beurkundend, ward folgendermaßen eingerichtet:

Im einfensterigen Eintrittszimmer standen, außer einigen
Sesseln an den Wänden, ein einfacher Speisetisch, rechts an
der Wand ein Credenzkasten (meines Erinnerns), oberhalb
desselben hing das Oel=Brustbild des — von Beethoven so
sehr geliebten — väterlichen Großvaters Ludwig (jetzt im
Besitze der Witwe des Neffen Carl). Es stellt den Groß=
vater in grünem Pelzcostume, ein Notenheft in der Hand
haltend, vor. Es war dasselbe, welches seiner Zeit in Bonn
bei dem Wirthe im Versatz gewesen und das einzige Stück,
das Beethoven in späterer Zeit aus der elterlichen Ver=
lassenschaft nach Wien sich nachkommen ließ. — Das ein=
fensterige Zimmer links entbehrte, — außer jenem damals
außer Gebrauch gesetzten Schreibpulte (der nunmehr in mei=
nem Besitze) rechts neben dem Fenster —, aller Meubel=
einrichtung. Nur im Fond desselben hing inmitten der
Mauer Beethoven's eigenes großes Bild (das mit der Lyra
und dem Tempel des Galitzinberges), (jetzt im Besitze
der Witwe des Neffen Carl und in ziemlich gleichzeitiger
Copie bei A. W. Thayer). Rundum am Boden aber
lagen in ungesichteter Unordnung Stöße gestochener wie
geschriebener Noten, fremder wie eigener Composition.
Selten ward dies Kabinet von irgend Jemand betreten und,
wenn ich manchmal — aus Neugierde oder Zeitweile, auch
wohl mitunter, weil Beethoven mich nach etwas zu suchen
dahin sandte — in dasselbe kam; so wandelte ich zwischen
dem anscheinend alten, jedenfalls über einander geworfenen
Plunder — bei meinem damals noch so jugendlichen Alter
wenig bewußt jener Schätze, welche ein halbes Jahr nach

Beethoven's Tode bündelweise, viele Manuscripte, theil=
weise noch unedirtes enthaltend, zu wenigen Gulden in alle
Welt geschleudert werden sollten!

Die beiden Gemächer rechts vom Eintrittszimmer waren
nun erst eigentlich Beethoven's Aufenthalt, und zwar das
erste sein Schlaf= und Clavierzimmer, das letzte, das Kabinet,
die Schöpfungsstätte seiner letzten Werke (zumal der Gallitzin=
Quartette), d. i. sein Compositionszimmer.

In Mitten des ersten (zweifensterigen) Zimmers standen
in einander, Bauch an Bauch gesetzt, zwei Claviere. Mit
der Claviatur gegen den Eintritt zu jener englische Flügel,
welcher ihm einst von den Philharmonikern aus England
zum Geschenke gemacht worden war. Die Namen der Geber,
von denen ich mich auf jenen Kalkbrenner's, Moscheles's
Broadwood's, genau erinnere, standen eigenhändig mit
Dinte geschrieben auf dem Resonnanzboden unterhalb der
Primsaiten. Dies Clavier, aus der Fabrik Broadwood's,
reichte nach oben nur bis zum C. Nach der anderen Seite
— mit der Claviatur gegen die Thüre des Compositions=
zimmers sehend — stand ein Flügel des Clavierfabrikanten
Graf in Wien, Beethoven zur Benutzung überlassen, oben
bis F reichend.*) Ueber dessen Claviatur und Hammerwerk
befand sich ein, gleich einem gebogenen Resonnanzbrette aus

*) Im Mai 1866 brachte die Beilage zur „Presse" die Genea=
logie eines „Clavieres Beethoven's", von dem Claviermacher S. A.
Vogel in Pesth herstammend, welches Samuel Gyulai in Klau=
senburg (Belsö-Farkas-utcza 81) besitze. Gerade der Umstand,
daß in demselben „das meisterhaft gearbeitete Wappen und deutlich
erkennbare Portrait aus der Jugendzeit des L. van Beethoven
angebracht" seien, läßt eher auf die Annahme schließen, daß irgend
ein Beethovenverehrer dieß Clavier in solcher Ausschmückung für
sich selbst habe verfertigen lassen.

weichem dünnen Holze conſtruirter, einem Souffleurkaſten
ähnlicher Schallfänger aufgeſtellt, ein Verſuch, die Tonwellen
des Inſtrumentes dem Ohre des Spielenden concentrirter
zuzuwenden. Doch, wie ſelbſt bieß in der letzten Zeit gänz=
lich vergebliche Mühe geweſen, beobachtete ich auf unzweifel=
hafte Weiſe eines Tages im Sommer 1826, wovon ſpäter noch
die Rede ſein wird. An dem Pfeiler zwiſchen beiden Fenſtern
dieſes Zimmers ſtand ein Schublabkaſten, und auf demſelben die
Wand hinan eine vierfächerige, ſchwarz angeſtrichene Bücher=
ſtellage*) mit Büchern und Schriften, vor derſelben auf dem Kaſten
aber lagen mehrere Hörrohre und zwei (fälſchlich als Amati be=
zeichnete) Geigen; all bieß in Unordnung und arg beſtäubt.
Beethoven's Bett, Nachtkäſtchen, ein Tiſch und Kleiderſtock
nächſt des Ofens machten den Reſt dieſer Zimmereinrichtung aus.

    . Das letzte (wieder einfenſtrige) Zimmer war Beethoven's
Arbeitsſtube. Hier ſaß er an einem, etwas ab vom Fenſter,
gerade vor die Eingangsthüre geſtellten Tiſche, mit dem Ge=
ſichte nach der Thüre zum großen Zimmer gewendet, die
rechte Körperſeite dem Fenſter zugekehrt. In dieſem Kabi=
nete befand ſich unter anderen Käſten jener ſchmale hohe,
ſehr einfache Bibliothek= oder Kleiderchiffonier, den A. W.
Thayer dermalen — nach Fräulein Annacker — beſitzt. —
    Meine Mutter alſo hatte es übernommen, die Einrich=
tung der Wirthſchaft zu leiten. Ihr erſtes Geſchäft war:
ihm brauchbare Dienſtleute aufzunehmen: Eine Köchin („Sali")

---

*) Dieſelbe, jedoch um zwei Fächer vermindert, iſt jetzt in meinem
Beſitze. — Auf der nach Beethoven's Todestage gemachten
Zeichnung dieſes Zimmers (unrichtig als: Beethoven's Studierzim=
mer unterſchrieben) findet ſich dieſe Stellage noch mit vier Fächern vor,
von den beiden Clavieren aber nur mehr der engliſche Flügel, und
überdieß bereits gewendet geſtellt. Die Büſte Beethoven's auf dem
Fenſter iſt des Zeichners Zugabe.

ward gefunden, und in der That, wie es die Folge er=
wies, in ihr eine so ergebene verläßliche Person, daß sie
als treue Wirthschafterin und später nebstbei Pflegerin
Beethoven's Haus sofort bis zu seinem Ende wohnlich machte.
Dieser „Beethoven = Sali" ward eine Küchenmagd beigegeben,
und die erforderliche Kücheneinrichtung eingekauft.

In dieser Periode der Wirthschaftsbestellung nahm er
sich vor, uns zu Tische zu sich zu laden, — ein Vorhaben,
welches er uns schon lange zuvor in Aussicht gestellt hatte, —
und mein Vater erhielt jenen humoristisch=rhapsodischen Brief,
welcher in meinem Besitze, und durch Wegeler (Nachtrag
Seite 21) mit meiner Gutheißung veröffentlicht, dort aber
fälschlich als im Jahre „wahrscheinlich 1820" geschrieben
von ihm angegeben wurde:

„Du bist, mein verehrter Freund, überhäuft, und ich
auch. Dabei befinde ich mich noch immer nicht ganz wohl.
— Ich würde Dich jetzt schon zum Speisen eingeladen
haben, allein bis jetzt brauche ich mehrere Menschen, deren
geistreichster Autor der Koch, und deren geistreiche Werke
sich zwar nicht in ihrem Keller befinden, die solchen jedoch
in fremden Küchen und Kellern nachgehen; — mit deren
Gesellschaft Dir wenig gedient sein würde. Es wird sich
jedoch bald ändern. Czerny's Clavierschule nehme einst=
weilen nicht, ich erhalte dieser Tage nähere Auskunft über
eine andere.

Hier das Deiner Gattin versprochene Modejournal
und etwas für Deine Kinder. Das Journal kann Euch
von mir immer wieder zugestellt werden, so wie Du über
alles Andere, was Du von mir wünschest, zu ge=
bieten hast. Mit Liebe und Verehrung
Dein Freund Beethoven.
Ich hoffe, uns bald zusammen zu sehn."

(Das Journal-Heft enthielt Schweizer-Ansichten: Luzern
u. a. m. — Später hat er es für kurze Zeit wieder zurück=
begehrt; doch durch die dazwischen tretende Krankheit und
Tod ist es für uns abhanden gekommen, da er es vermuth=
lich jemand Anderem geliehen hatte.)

Aus obigem Schreiben leuchtet seine fast idyllische An=
hoffung bevorstehender lange entbehrter Behäbigkeit in seiner
neuen Behausung hervor, nicht minder der Wunsch nach ge=
selligem Umgange; wie er denn überhaupt nicht menschen=
scheu war, hingegen — aus eigener leidiger Erfahrung —
fremde oder verwandtschaftliche unangenehme Umgebung keines=
weges zu lieben Ursache hatte und nicht darnach verlangte.

So geordnet übrigens jetzt seine Hauswirthschaft sich
bald bestellt fand, so unordentlich blieb jedoch fortan seine
Zimmereinrichtung, staubig und unter einander geworfen seine
Papiere und Habseligkeiten, unausgebürstet seine Kleider bei
allem blendenden Weiß und Reinheit seiner Wäsche und trotz
des vielfachen Waschens seines Körpers. Dieß überreichliche
Waschen mag wohl einstens auch die ursprüngliche Gelegen=
heitsursache zum Entstehen seiner Gehörkrankheit — etwa
durch rheumatische Entzündung — abgegeben haben; mehr,
als „seine Anlage zu Unterleibsleiden", wie mehrfältig an=
genommen wird. Er hatte stets die Gewohnheit gehabt,
wenn er längere Zeit am Tische componirend gesessen und
hiervon den Kopf erhitzt fühlte, zum Waschtische zu eilen,
Kannen Wassers über den erhitzten Kopf zu stürzen, und
nach solcherweise bewirkter Abkühlung, nur flüchtig abge=
trocknet, wieder zur Arbeit zurückzukehren oder wohl gar
noch inzwischen einen Spazierlauf ins Freie zu unternehmen.
Wie sehr dieß Alles in flüchtiger Hast geschah, um hierbei
nicht aus seinem Phantasieenfluge gerissen zu werden, und
wie wenig hierbei an ein erforderliches Abtrocknen seiner

durchnäßten Haaresfülle gedacht worden, beweist schon die
Thatsache, daß es dabei vorkam, daß das über den Kopf
geschüttete Wasser, von ihm unbemerkt, reichlich über den
Fußboden sich ergoß, ja denselben auch durchdrang, an der
Zimmerdecke der unterhalb wohnenden Partei zum Vorschein
kam, und seinerzeit mitunter zu unliebsamen Behelligungen
von Seite dieser, des Hausmeisters und schließlich des Haus=
eigenthümers, ja selbst zur Wohnungskündigung geführt
hatte. —

Meine Mutter, aus jener, ordnungsliebenden Hausfrauen
so gerne anhaftenden Scheu vor bestaubten Tellern und Be=
stecken u. dgl. m. mit Mittags=Einladungs=Gelüsten unter
solchen Verhältnissen nicht eben sehr einverstanden, suchte
seinem nunmehr öfter wiederholten Ansinnen, uns zum Mit=
tagsmahle zu laden, allemal auszuweichen, es vorziehend, ihn
dagegen lieber zu Tische zu uns herüber zu bitten. Leider
erfuhr ich diesermaßen niemals das interessante Vergnügen,
ein Mittagsmahl bei ihm beobachtet zu haben. Dafür nahm
er wohl gerne die Einladungen zu uns an, oder sandte uns
gar oft ein Stück Fisch, wenn er solchen sich auf dem Markte
hatte kaufen lassen; denn Fische zählten zu seinen Lieblings=
gerichten, und, was er liebte, wollte er so gerne mit seinen
Freunden theilen.

Wenn er nun bei uns Mittags gegessen, und häufig
auch sonst, ging er Nachmittags mit uns spazieren, zumal an
Sonntagen, da an Wochentagen mein Vater nur zu selten
einen freien Nachmittag sich gönnte. Gar einfach waren da=
mals die Spaziergänge, und höchlichst zufriedengestellt waren
wir Alle, wenn wir einmal, statt über das allzugewohnte
Glacis, über den Linienwall oder nach Hernals und Otta=
kring, oder gar einmal nach Schönbrunn gingen. — Da er

hierbei bald meine große Anhänglichkeit an meinen Vater wahr=
nahm und bemerkte, daß ich gleichsam unzertrennlich mich im=
mer um ihn bewege, gab er mir sofort den Spitznamen „Hosen=
knopf", weil ich „wie der Knopf an der Hose an ihm hafte."
— Da ich aber auch bei diesen Spaziergängen außerdem
vielfach voraus und wieder zurück zur Gesellschaft lief und
überhaupt sehr beweglich war, änderte er später diesen Na=
men in „Ariel" um, weil dieser behend hin und wieder lau=
fende Bote in Shakespeare's „Sturm" so heißt. Diese
beiden Namen behielt er für mich fortan so beharrlich bei,
daß er im Verlaufe dieser Zeit, und noch während seiner
Krankheit, wenn er mir nach unserer Wohnung im Rothen
Hause Briefchen schrieb, alle diese mit dem einen oder dem
anderen dieser Namen begann. Ich hatte in Allem zwölf sol=
cher, in Knotenform zusammengefalteter Briefchen mit Be=
stellungen für mich oder meine Eltern zugeschickt erhalten,
von welchen drei mit: „Lieber Hosenknopf!", neun mit:
„Lieber Ariel!" überschrieben waren. Eilf davon waren mit
Bleistift, nur einer mit Dinte geschrieben. Zu meinem
untilgbaren Leidwesen wurden mir dieselben beim Aus=
ziehen aus unserer Wohnung nach meines Vaters Tode —
als vermeintliche Papilotten — von unkundiger Hand weg=
geworfen. —

Beethoven's äußere Erscheinung hatte, der ihm ganz
eigenthümlichen Nonchalance in der Bekleidung wegen,
auf der Straße etwas ungewöhnlich Auffälliges an sich.
Meist in Gedanken vertieft und diese vor sich hinbrummend,
gestikulirte er, wenn er allein ging, nicht selten mit den Armen
dazu. Ging er in Gesellschaft, so sprach er sehr lebhaft und
laut, und, da der ihn Begleitende dann immer die Antwort
in das Conversationsheft schreiben mußte, wurde im Gehen
wieder häufig inne gehalten, was an sich schon auffällig und

durch allenfalls noch mimisch geäußerte Antworten noch auf=
fälliger wurde.

So kam es, daß die meisten der ihm Begegnenden sich nach
ihm umwandten, die Straßenjungen auch wohl ihre Glossen über
ihn machten, und ihm nachriefen. Neffe Carl verschmähte
deßhalb mit ihm auszugehen, und hatte ihm auch geradezu
einmal gesagt, daß er sich schäme, ihn seines „narrenhaften
Aussehens" wegen auf der Straße zu begleiten, worüber er
sehr gekränkt und verletzt uns gegenüber sich äußerte. Ich
dagegen war stolz darauf, mit diesem bedeutenden Manne
mich zeigen zu können.

Der damals übliche Filzhut, den er beim Nachhause=
kommen, wenn auch von Regen triefend, nur nach leichtem
Ausschwenken (eine Gewohnheit, die er auch wohl bei
uns, unbekümmert um alle Zimmereinrichtung, übte) über
die oberste Spitze des Kleiderstockes schlug, hatte in Folge
dessen in seinem Deckel die Ebene verloren und war davon
gewölbt nach oben ausgedehnt. Vor wie nach dem Regen
nur selten oder gar nicht gebürstet und dann wieder einmal
bestaubt, hatte der Hut ein bleibend verfilztes Aussehen.
Dazu trug er denselben nach Thunlichkeit aus dem Gesichte
hinaus, um die Stirne frei zu haben, während beiderseits
die grauen wirren Haare, wie Rellstab bezeichnend sagt:
„nicht kraus, nicht starr, sondern ein Gemisch von Allem",
nach Außen flogen. Durch das Aufsetzen und Tragen des
Hutes weit aus dem Gesichte nach hinten bei hochgetragenem
Kopfe aber kam die rückwärtige Krempe in Collision mit
dem damals sehr hoch zum Hinterhaupte ragenden Rockkragen,
was der Krempe eine nach aufwärts gestülpte Form gab,
den Rockkragen aber durch die beständige Berührung mit
der Krempe abgeschabt erscheinen ließ. Die beiden unge=
knöpften Rockflügel, zumal jene des blauen Frackes mit

Meſſingknöpfen, ſchlugen ſich nach Außen, beſonders beim Gehen gegen den Wind, um die Arme um; ebenſo flogen die beiden langen Zipfel des um den breit umgeſchlagenen Hemdkragen geknüpften weißen Halstuches je nach Außen. Die Doppellorgnette, die er ſeiner Kurzſichtigkeit wegen trug, hing loſe herab. Die Schöße des Rockes aber waren ziem= lich ſchwer beladen; denn außer dem oftmals hervorhängen= den Taſchentuche einerſeits ſtack andererſeits darin ein durch= aus nicht dünnes zuſammengefaltetes Quart = Notennotizheft, dann noch ein Octav = Converſationsheft nebſt dickem Zimmer= mannsbleiſtift*), dieß zum Verkehr mit den zu begegnenden Freunden und Bekannten, und in früherer Zeit, ſo lange es noch half, ein Hörrohr. Das Gewicht des Notenheftes ver= längerte den einen Schoß bedeutend und außerdem zeigte ſich die Taſche deſſelben in Folge des häufigen Herausziehens deſſelben und des Converſationsheftes, mit der Hand derſel= ben Seite, nach Außen gekehrt. — Die bekannte Federzeich= nung giebt einigermaßen die Geſtalt Beethoven's wieder, wenn auch der Hut niemals ſeitlich eingedrückt geweſen, wie es dieſelbe — in üblicher Uebertreibung — darſtellt. — Die hier ſkizzirte Aeußerlichkeit Beethoven's hat ſich mei= nem Gedächtniſſe unauslöſchlich eingeprägt. Gar oft ſah ich ihn ſo, von unſeren Fenſtern aus, gegen zwei Uhr — ſeiner Eſſens= ſtunde — vom Schottenthore her über den Glacistheil, wo jetzt die Votivkirche ſteht, in ſeiner gewohnten vorhängender

---

*) Wie Beethoven von einer ihm eigenthümlichen Unbeholfen= heit geweſen: die Schreibfedern ſich zurechtzuſchneiden, ebenſo erwie= ſen ſich ſeine mehr plumpen Finger auch wenig geeignet, die Blei= ſtifte, ohne ſie bald zu brechen, zuzuſpitzen. Dieß mag die Ver= anlaſſung gegeben haben, daß er es liebte, Bleiſtifte dicken Kalibers, ähnlich jenen, wie ſie die Zimmerleute zu gebrauchen pflegen, ſich anzuſchaffen.

5

(nicht aber gebeugten) Körper= und gehobener Kopfhaltung, seiner Wohnung zusegeln, oder ich ging wohl selbst mit ihm.

Auf der Straße, wo man nicht immer Zeit genug hatte zu schreiben, war die Conversation mit ihm am be= schwerlichsten, und, wie er überhaupt vollkommen taub war, dafür gab mir Folgendes schlagenden Beweis, wenn es eines solchen noch bedurft hätte: Er wurde einstens bei uns zu Tische erwartet, es ging schon nahe auf 2 Uhr (unsere Eß= stunde). Meine Eltern, in bestätigtem Argwohne, er dürfte, im Componiren vertieft, der Zeit nicht gedenken, sandten mich zu ihm hinüber, ihn abzuholen. Ich traf ihn am Arbeits= tische, das Gesicht der offenen Thüre zum Clavierzimmer zu= gewandt, an einem der letzten (Gallitzin'schen) Quartette schreibend. Er hieß mich, kurz aufblickend, etwas warten, bis er den eben festgehaltenen Gedanken zu Papier gebracht haben werde. Kurze Zeit verhielt ich mich ruhig, dann rückte ich dem zunächst stehenden Graf'schen Clavier (mit dem aufgesetzten Schallfänger) nahe und fing, von Beethoven's Taubheit für Töne*) nicht überzeugt, an, leise auf den Tasten zu klimpern. Ich blickte dabei öfter nach ihm, prü= fend, ob er sich dadurch behindert fühlen möchte. Als ich aber sah, daß er es gar nicht wahrnehme, spielte ich stärker und absichtlich ganz laut —; ich hatte keinen Zweifel mehr. Er hörte es gar nicht, schrieb unbekümmert weiter, bis er, endlich fertig, mich zum Fortgehen aufforderte. Auf der Straße frug er mich etwas: ich schrie ihm die Antwort knapp in das Ohr; doch mehr meine Zeichen verstand er. Nur bei Tische stieß einmal eine meiner Schwestern einen

---

*) Es war von manchen Leuten damals mitunter überflügelnd behauptet und erzählt worden: des großen Tondichters Gehörorgane seien nur zur Vernehmung der Sprache und des allgemeinen Ge= räusches, nicht aber für Auffassung der Musiktöne taub. —

gellenden hohen Schrei aus und diesen doch noch vernommen zu haben, machte ihn so glücklich, daß er hell und freudig auflachte, wobei seine blendend weißen vollen Zahnreihen weitaus sichtbar wurden.

Charakteristisch war auch die Lebhaftigkeit, mit der er ihn interessirende Gegenstände besprach, wobei es auch vor= kam, daß er, mit meinem Vater im Zimmer auf= und ab= gehend, während solchen Gespräches, statt zum Fenster hinaus, in den Spiegel spuckte, ohne es zu beachten.

Sein Leben wäre jetzt ein sehr angenehmes gewesen, wenn nicht, abgesehen von seiner Taubheit, in die er übrigens wohl schon ergeben, sein Bruder Johann und hauptsächlich Neffe Carl fortgefahren hätten, ihn zu quälen. Es wäre ein Leichtes gewesen und hätte ganz in seiner Willkühr ge= legen, sich beider zu entledigen. Der Bruder war ein wohl= habender Mann, er hatte sich als Besitzer einer Apotheke in Linz, bei deren Antritt mein Vater, seiner Zeit, für ihn gut gestanden, mit Armeelieferungen u. dgl. m. ein ausreichendes Vermögen erworben, und lebte von seinen Renten; ebenso verdiente der Neffe keine so eingehende Berücksichtigung, als sie ihm sein Oheim theils aus Liebe, theils aus vermeint= lichem Pflichtgefühl gegen seinen verstorbenen Bruder in auf= opferndster Weise angedeihen ließ. Solch eine Natur, wie jene Carl's, macht besser, sich selbst überlassen, den nöthigen Gährungsproceß durch. Nachdem sein ihn so nachsichtig be= handelnder Oheim gestorben, er auch das Militär verlassen hatte, ward er ein ruhiger ordentlicher Mensch und ausreichend guter Familienvater. Er starb in Wien am 13. April 1858.

Aber Beethoven's geradezu blinde Liebe, mit der er doch so gerne die ganze Welt umschlungen hätte (— „Seid umschlungen Millionen, diesen Kuß der ganzen Welt" —), hatte sich hier zu arg gesteigert. Er erlahmte nicht, so hin=

5*

derlich und in allem guten Einflusse auf dessen Erziehung
ihm auch Carl's leichtsinnige Mutter jederzeit zuwider han=
delte. Hatte ihn diese doch einst, des Knaben wegen, in einen
jahrelangen Proceß mit den Behörden verwickelt. Daß seine
Schöpfungen rücksichtlich der Masse des Geschaffenen gar sehr
in jener Zeit beeinträchtigt wurden, läßt sich so leicht be=
greifen, als es thatsächlich sich erwiesen hat.

Mit besorgter Liebe berieth er sich bei jedem Zusammen=
treffen mit meinem Vater über den Neffen: welche Befürch=
tungen er über das Ergebniß seiner Schulprüfungen hege;
wie Bruder Johann und Carl's Mutter ihm hinderlich in
allen Angelegenheiten entgegen träten, sein Leben erschwerten,
u. s. w. — Dieß, dann Besprechungen der künstlerischen und
pekuniären Erfolge seiner letzten zwei großen Werke: der
neunten Symphonie und der D=Messe, oder Pläne für nächste
Tondichtungen, namentlich welche Gestaltung er der beabsich=
tigten zehnten Symphonie geben wolle oder solle, „um ihr neue
Anziehungskraft zu erwirken", und zwar diese wieder ohne
Chor; nebenbei auch, daß er bereue, niemals nach England
gegangen zu sein, gleichwie, daß er nicht geheirathet habe,
waren Lieblingsthema's der Conversation mit meinem Vater.
Aber auch sehr oft ergingen die beiden Freunde sich in Er=
innerungen aus ihrer gemeinschaftlich verlebten Jugend.

Kurz, unser Leben war nunmehr ein eng nachbarliches, von
nie versiegter Freundschaft und Hochschätzung durchdrungenes.

Ich war noch sehr schüchtern und wagte es daher nicht,
ihm, dessen Größe ich, obwohl nicht verstehend, doch empfand
und mehr noch ahnte, nach Wunsche täglich Besuche zu machen.
Wie froh war ich daher jedes Mal, als er zu uns kam. Er
erkundigte sich bald um meinen Klavierunterricht, frug nach
dem Namen meines Lehrers, der Anton Heller hieß und
ihm unbekannt war. Er erwiderte: „hm, hm; nun gut." —

Auf Versicherung meines Vaters, daß er brav sei, ich aber noch nicht fleißig genug übe, sagte er: „Nun so spiele mir Mal etwas vor". Ich that es, wobei er — nichts hörend — sehr aufmerksam auf meine Hände sah, und, meine Hand= haltung bekrittelnd, mir sofort einen Lauf vorspielte. Es war auf demselben Flügel Brodmann's, auf dem er in längst verflossenen Zeiten mit Julien oft gespielt und — damals hörend — phantasirt hatte. — „Welche Clavierschule hat Gerhard denn?" — Die Pleyel'sche. — „Ich werde ihm die Clementi'sche verschaffen; diese ist am Ende noch die beste. Darnach soll er sich halten, und darnach werde ich schon das Weitere anrathen." — Sie war auf dem Wiener Platze nicht vorräthig; folglich nicht gleich zu bekommen. Er mußte sie verschreiben lassen. —

Bei Schindler in Bockenheim fand ich im Jahre 1863 in dem Packete mit den Operntexten einen Abnotationszettel, auf welchem von Beethoven's Hand — in bereits stark ver= wischter Bleistiftschrift — notirt steht:

† Spiegel
† Ducaten
† Flanell
† Schneider
† Seife Zinn
　　waschen
† Breuning
　　Klavierschule
† Zum Bruder
　　Büsten handeln
† Oblaten
† Mehl

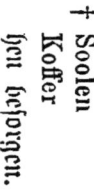

† Soolen
Koffer
zu besorgen.

(Schindler schenkte mir diesen Zettel, wie auch Beet=
hoven's letzten Wäschezettel.) — Im October 1870 fand
ich bei A. W. Thayer in Triest die Copie, nach Jahn,
eines — auch auf die Clavierschul=Angelegenheit bezüglichen
— Briefes*) Beethoven's:

> „An des Herrn Tobias Haslinger
> Wohlgeboren
>
> ehemaliger B. r. o. t. nunmehriger Kunstfabricant,
> Bester Herr nordamerikanischer Notenhändler wie auch
> Kleinhandelnder!
>
> Nur auf einen halben Tag hier, frage ich Sie, was
> die Clementi'sche Clavierschule kostet ins Deutsche
> übersetzt; ich bitte mir darüber gefälligst sogleich Aus=
> kunft zu geben, und ob Sie selbe haben, oder wo sie sonst
> zu finden?
>
> Bester Hr., Hr., Hr. Hr. leben Sie recht wohl in
> Ihrer frisch lakirten Handelsstube, sorgen Sie, daß nun
> das vorige Nest ein Bierhaus werde, da alle Biertrinker
> gute Musikanten sind und bei Ihnen auch vorsprechen
> müssen. Ihr ergebenster
>
> Beethoven."

Nachdem diese Clementi'sche Clavierschule überlange
ausgeblieben, endlich aber doch angekommen war, sandte er
sie aus dem Schwarzspanierhause meinem Vater herüber mit
jenem Briefe, den ich Wegeler für seinen „Nachtrag" zur
Veröffentlichung mitgetheilt. Er lautet:

> „Lieber Werther!
> Endlich kann ich mich meiner Windbeutelei entwinden.
> Hier folgt die versprochene Clementi'sche Clavierschule für

---

*) Die Veröffentlichung desselben hat mir Freund Thayer in
gewohnter Gefälligkeit zugestanden.

Gerhard. Wenn er sie so gebraucht, wie ich ihm schon zeigen werde, so wird sie gewiß guten Erfolg leisten. Ich sehe Dich schon ehestens, und umarme Dich innigst.

Der Deinige

Beethoven."

Damit dieser Brief ja nicht verloren gehe, sondern mir zu bleibendem Andenken gesichert sei, nähte ihn mein Vater inmitten der Clavierschule ein.

Bei Gelegenheit als Beethoven den obenerwähnten Fingerlauf auf dem Claviere mir vorgezeigt, wünschten meine Mutter und ich sehr, daß er uns etwas vorspielen oder viel= mehr phantasiren möchte. Meine Mutter und ich hatten ihn nie spielen gehört. Wir gingen deßhalb Vater an; doch diesen dauerte es zu sehr, daß Beethoven, gleichsam wie ein Auto= mat, ohne das, was er thäte, selbst hören zu können, spielen sollte, und konnte es nicht über sich gewinnen, ihm diese Erinnerung an sein Gehörunvermögen so fühlbar zu machen. So blieb dieser Clavierlauf das einzige, was ich je von ihm gehört. Er hielt hierbei die Finger sehr gekrümmt, so, daß sie von der Hand ganz verdeckt waren; kurz, er schien die sogenannte ältere, gegen die jetzige mit mehr verflachten Fingern geübte Handhaltung eigen zu haben.

Die Erhabenheit seiner Phantasieen ist bekannt und es soll dieselben nicht beeinträcht haben, wenn er bei Sprüngen zuweilen fehlgegriffen. (Julien's Bruder Dr. Jos. von Vering, erzählte mir, daß Beethoven in der letzteren Zeit seines öffentlichen Auftretens, zumal einmal im Theater an der Wien, bei Selbstaufführung eines seiner Clavierconcerte, da er bereits schwer an seinem Gehöre litt, noch fortgespielt habe, nachdem bereits viele Saiten gerissen, ohne es wahr= genommen zu haben.) —

Für den 28. August 1826 war die erste Luftfahrt der

Mad. Garnerin in Wien angekündigt. Sie sollte aus der schwindelnden Höhe mittelst Fallschirmes sich zurück zur Erde herablassen; ein in Wien noch nie gesehenes Schauspiel. Dieß gab somit allgemeines Interesse. Es war an diesem Tage aber auch mein 13. Geburtstag, und Beethoven ward sowohl zu dessen Mitfeier zu uns zu Tische geladen, als auch um Nachmittags von unseren Fenstern aus, welche die Aussicht bis über die Bäume des Praters hin gewährten, der Garnerin neues Experiment zu betrachten. Er brachte ein Exemplar seines kürzlich in lithographischem Abbruck bei M. Artaria erschienenen Stieler'schen Portraits „mit der Missa solennis" mit, damit es mein Vater an Wegeler nach Coblenz sende.*) Nun wurden während der Zeit des Wartens auf die aëronautische Production Vergleiche hinsichtlich der Aehnlichkeit dieses Portraits mit dem Originale gemacht, wobei mein Vater das Urtheil abgab: daß, obgleich keines aller Portraits Beethoven vollkommen gleich sähe, dieß unter den neueren doch das ähnlichste sei, zumal wenn man nicht in dessen Einzelnheiten eingehe und es durch das Fenster von der Rückseite aus betrachte, wodurch dessen scharfe Umrisse sich milderten, welche Bemerkung Beethoven sehr gefiel.**)

---

*) Siehe: Wegeler und Ries's biograph. Notiz. S. 53: Beethoven's Brief an Wegeler vom 17. Febr. 1827.

**) Wenn die allzu scharfen Umrisse dieses ersten Abbruckes Veranlassung zu obiger Bemerkung gaben, so muß ich hinwiederum mit Schindler II. S. 290 den späteren durch Spina veranstalteten Abbruck als allzu abgeblaßt matt bezeichnen und auch bestätigen, daß die gesenkte Stellung des Kopfes Beethoven nicht eigen war. Von den anderweitigen Portraits Beethoven's sind die äßnlichsten: Das Medaillon-Portrait aus dem Jahre 1814 von Letronne, nur mit etwas vorwiegendem Mulatten-artigen Gesichtsausdrucke —, die Portraits von Jäger, Chimon, Schiman (dieses in Schindler's Biographie), und — nach meines Vaters wiederholt ausge-

Am 24. September 1826, als meinem Namenstage, war Beethoven abermals unser Tischgenosse, ebenso mein Privatlehrer Waniek. Vor dem Speisen zeigte uns Beethoven die goldene Medaille, die er von Ludwig XVIII. erhalten hatte (jetzt im Archiv der Gesellschaft der Musikfreunde in Wien). Während des Essens erzählte er uns, daß ihn der Wiener Magistrat zum Bürger von Wien er-

sprochener Aeußerung — vor Allen ähnlich das Miniatur-Medaillon-Portrait aus dem Jahre 1802 von Horneman, welches in meinem Besitze und hiermit zum ersten Mal veröffentlicht wird. — Ganz besonders naturgetreu stellt die im Jahre 1812 durch Joh. Klein an dem Lebenden geformte Larve Beethoven's Gesicht dar. (Die Form ging an den Sohn des Malers Danhauser über, und kam dann in Besitz des am 27. April 1872 in Wien verstorbenen Bildhauers Ant. Dietrich. — Ich besitze von derselben eine sehr gelungene Copie.) — Eine gute Büste besitzt Streicher. — Schaller's Büste, nicht vervielfältigt und unter Vermittlung Carl Holz's nach Beethoven's Tode verfertigt, durch die Med. Prof. Gattin Frau Fanni Linzbauer, geborne Ponsing, käuflich erworben, ward zur Zeit der 100-jährigen Geburtsjubelfeier von dieser warmen Beethovenverehrerin in dankender Anerkennung für die einstens dem todtkranken Beethoven gewidmete Geldsendung der Phillarmonical Society in London geschenkt und durch den königl. Concertmeister Mr. Cusins, welcher eigens deßhalb von London nach Ofen gesendet worden war, bereits nach London gebracht. (Ich besitze von derselben eine photographische Copie.) — Alle übrigen Portraits geben mehr oder weniger Verzerrungen oder doch Verzeichnungen.

Das vor nicht langer Zeit als „Beethoven" in ganzer Figur, mit engen Beinkleidern, Quasten-Stiefeln und Petschaftgehänge, veröffentlichte Portrait aber ist — jenes eines einstigen Malers Wittich in Berlin.

Treffend sagt Schindler, daß die sicherste Richtschnur bei der Wahl eines Portraits die getreue Schilderung der Persönlichkeit Beethoven's von Friedrich Rochlitz abgibt (siehe dessen Werk: „Für Freunde der Tonkunst" Band IV. S. 350 u. ff. und Schindler II. S. 291).

nannt, man ihm dabei bemerkt habe, daß er kein wirklicher, sondern ein Ehrenbürger geworden sei, worauf er entgegnet hatte: „Ich habe nicht gewußt, daß es auch Schandbürger in Wien gibt."

Nachmittags gingen wir insgesammt nach Schönbrunn zu Fuße. Meine Mutter hatte einen Besuch in Meidling (angränzend an Schönbrunn) zu machen. Ich begleitete sie. Mein Vater, Beethoven und mein Lehrer erwarteten uns im Parterre des Schönbrunner Gartens auf einer der Bänke. Als wir hierauf im Garten spazieren gingen, sagte Beethoven, auf die nach französischem Geschmacke wandartig geschnittenen Alleen weisend: „Lauter Kunst, zugestutzt wie die alten Reif= röcke. Mir geschieht nur dann wohl, wenn ich in der freien Natur bin." — Es ging ein Infanterie=Soldat an uns vor= über. Gleich war er mit der sarkastischen Bemerkung fertig: „Ein Sklave, der um tägliche fünf Kreuzer seine Freiheit verkauft hat."

Als wir nach Hause gingen, schoben mehrere Jungen in der Mitte der rechtsseitigen Allee vor der Schönbrunner Brücke Kegel mit einer kleinen Kugel, und diese traf Beet= hoven zufällig an den Fuß. Wähnend, es sei dieß aus muth= williger Absicht geschehen, ihn zu necken, wandte er sich un= mittelbar heftig gegen sie, ausrufend: „Wer hat Euch erlaubt hier zu spielen? Müßt Ihr gerade hier Euer Unwesen treiben?! —", und wollte auf sie losstürzen, sie wegzutreiben. Mein Vater, die Rohheit der Gassenjungen fürchtend, be= ruhigte ihn aber bald wieder, und überdieß hatte ihm das Streifen der Kugel nur flüchtigen Schmerz verursacht.

Es war schon dunkel, als wir beim Rückwege über die „Schmelz" den Weg verfehlten und gezwungen waren, quer über die geackerten Felder zu gehen. Beethoven brummte Melodieen vor sich her, indem er von einer Scholle zur an=

deren ziemlich unbehülflich wankte und bei seiner Kurzsich=
tigkeit zeitweilig Geleitung gerne annahm. Angelangt am
Rothen Hause, verabschiedeten wir uns. Mein Lehrer aber
ging noch mit ihm nach seiner Wohnung und ward von ihm
eingeladen, bei ihm Suppe und Eierspeise zu nachtmalen.
Hierbei sprach er wieder, wie schon den Tag über, viel über
seinen Neffen Carl, der eben wenige Tage vorher den ver=
hängnißvollen Streich begangen hatte, sich erschießen zu
wollen, — und bemerkte dabei unter anderem: „Mein Carl
war in einem Institute, die Erziehungsinstitute liefern nur
Treibhauspflanzen." —

Als einmal — es mag dieß wohl gegen Beginn der
Frühlingszeit 1826 gewesen sein — Beethoven und mein
Vater, wie so häufig wieder über Musik sprachen, frug er letzteren,
ob er auch die Concerte besuche, worauf mein Vater er=
widerte: daß er dazu eben keine Zeit erübrigen könne. „Aber
Gerhard? Geht denn der Hosenknopf? Ich werde ihm
Eintrittskarten hierzu senden, ich bekomme solche schon, wenn
ich sie verlange. Wenn er auch noch nichts davon versteht,
so lernt er dabei doch hören, und das hilft ihm." In den
nächsten Tagen erhielt mein Vater für mich Abonnements=
billette für die (damals im Landhaussaale gegebenen) Con-
certs spirituels von Beethoven zugesandt und, dabei liegend,
ein kleines viereckiges hartes Papierstück (ähnlich einem Gar=
derobezeichen), auf welchem lediglich „Nr. 6" verzeichnet war.
— Vater verstand dieß nicht, und, es zweifelhaft betrachtend,
erachtete es als aus Zerstreutheit zufällig mit in den Um=
schlag hinein gerathen; fand es daher keiner Beachtung werth.
Als wir einige Tage später in der großen Allee des Schön=
brunner Gartens mitsammen spazieren gingen, erinnerte sich
mein Vater der erhaltenen Billette, und, ihm dafür dankend,
frug er auch, ob das Nr. 6 irgend eine Bedeutung hatte.

„Ja, das ist ja das Billet für die sechste Quartettaufführung Schuppanzigh's, mit welcher der Cyclus schließt. Und gerade jetzt ist die Aufführung. Das ist doch schade, so etwas zu versäumen! Wie konntest Du das nicht verstehen? Das ist doch selbstverständlich, oder hättest mich doch darüber fragen sollen" u. s. f. Kurz, er sprach länger noch hin und her darüber und schien ärgerlich und fast mißtrauisch: ob wir die Versäumniß etwa absichtlich um dieses Spazierganges willen begangen hätten. Erst auf meine und meines Vaters wiederholte Versicherung, daß er und ich es sehr bedaueren, beruhigte er sich und empfahl mir, die folgenden Concerte recht fleißig zu besuchen. — Ich machte denn auch redlich Gebrauch davon; denn fortan erhielt ich von ihm die Ein= trittskarten zu diesen Musikaufführungen bis zu seinem Lebens= ende, und danke diesem Umstande in der That nicht allein meine besten ersten, sondern auch bleibenden Eindrücke für edle Musik; außerdem auch noch, daß ich die beiden Czerny, Linke, Schuppanzigh, Holz, Lutz und den allein noch lebenden C. M. v. Bocklet in ihren besten Zeiten hörte, dann daß ich unter den Zuhörern Schubert, Weigl, Eybler u. a. musikalische Berühmtheiten kennen lernte. Sehr lebhaft u. A. erinnere ich mich, wie die beiden Letz= teren und selbst Schindler damals im Landhaussaale bei Aufführung des Chorsatzes der neunten Symphonie gar be= denklich die Köpfe wiegten und meinten, daß sich hier „Beet= hoven doch zu weit verstiegen" hätte.*) Von Abbé Stad=

---

*) Wie vielleicht Manchem bekannt, stieß noch im Jahre 1846 in Dresden Richard Wagner auf derartig vorgefaßte Gegenansichten anbetrachts der Aufführung der neunten Symphonie, daß er dafür manche Lanze brechen mußte und zur Anbahnung einigen Verständ= nisses derselben sich gedrängt sah, ein erläuterndes „Programm" vor= auszuschicken. (S. Richard Wagner's gesammelte Schriften. Bd. II.)

ler und manchen Musikfreunden nicht zu reden, die selbst
noch bis in den 40er Jahren, noch unter Nicolai's un-
übertroffenen Leistungen, nach Mozart, Haydn u. A. bei
Beginn von Beethoven's Tondichtungen den Saal verließen. — Wie schwierig es Musikern, die einmal ihre Bahn
festgehalten, sein mag, zum vollständigen Bewußtsein so rie-
siger, neuer Schöpfungen sich hinanzuschwingen, lehrte mich
eine Aeußerung Schindler's noch im Jahre 1863, der
doch so vielfache Gelegenheit hatte, gründlich in Beethoven's
Werke einzugehen. Ich frug ihn, was er zur D-Messe sage?
Worauf er erwiderte: „Ein Prachtwerk, das Genialste, das
je geschrieben worden; u. s. w., nur schade, daß Beethoven
die Trompetenstelle bei Eintritt des Agnus Dei nicht gestrichen, denn diese paßt nicht hinein und wirkt störend."
Und als ich ihn, in seine Meinung scheinbar eingehend, frug,
ob er denn mit Beethoven über deren Weglassung nicht gesprochen, antwortete er wieder: „Nun, Sie wissen ja, daß
er sich in seinen Compositionen niemals hat etwas sagen
lassen, ja, daß er sogar alle Einsicht in dieselben, bevor ein
Werk nicht ganz fertig war, jedermann und auch mir hart-
näckig verweigerte." — Und gerade diese sonderbare Stelle,
wie groß und erhaben ist dieselbe!

Wie nun Beethoven für meinen Musikgeschmack zu
sorgen begann, ebenso hatte er es sich von allem Anfange
an um seinen Neffen Carl angelegen sein lassen. Derselbe
soll auch wirklich, wie Schindler mir sagte*), Musikverständ-
niß in feinerem Maße erhalten haben und Beethoven ihm
selbst neu ersonnene Thema's gelegentlich zur Beurtheilung
und Wahl für ein projektirtes Tonwerk vorgesungen oder vor-

---

*) Siehe auch Schindler's „Biographie von Beethoven",
3. Aufl. II. S. 7.

gespielt haben. — Desto weniger ging es aber fortan mit dessen Studien, von denen ihn nicht zu besiegende Vorliebe für Kaffeehausleben und Schuldenmachen allzugewaltig ab= hielten. Die eindringlichsten Ermahnungen und rührendsten Briefe von Seite des liebenden Onkels blieben erfolglos, um so mehr als alle Drohungen schließlich doch wieder durch die Versicherungen zärtlichster Liebe annullirt wurden, und die bodenlos liederliche, gemein fühlende und so handelnde Mutter Carl's unausgesetzt schädlich abziehenden Einfluß auf diesen übte. —

Es kam die Zeit der Prüfungen in der Technik, und Schulden waren neuerdings zu berichtigen. Die Zeit drängte und Carl, der weder in seinem Wissen noch in seiner Tasche sich vorbereitet wußte, mehr und mehr seines Oheims Vorwürfe fürchtend, die ihn „schon längst ermüdet hatten und die er abgeschmackt fand", faßte den Entschluß, dieß Leben zu än= dern, nicht aber zu seines Oheimes ersehnter Freude zu besserem Wandel, sondern sich zu tödten. Er kaufte zwei Pistolen, fuhr nach Baden, bestieg den Thurm der Ruine Rauhenstein und, auf dessen Höhe beide Pistolen an beide Schläfen anlegend und losdrückend, verletzte er sich — nur oberflächlich die Knochenhaut, doch so, daß er nach Wien in das Allgemeine Krankenhaus zu überführen war.

Erschütternd traf Beethoven diese Kunde. Der Schmerz, den er über dieß Ereigniß empfand, war unbeschreiblich; er war niedergeschlagen wie ein Vater, der seinen vielgeliebten Sohn verloren. Ganz verstört begegnete ihn meine Mutter auf dem Glacis.* „Wissen Sie, was mir geschehen ist? Mein Carl hat sich erschossen!" — „„Und — ist er todt?"" „Nein, er hat sich nur gestreift, er lebt noch, es ist Hoffnung vorhanden, ihn retten zu können; — aber die Schande, die er mir angethan; ich habe ihn doch so sehr geliebt!"...... —

Der noch lebende Chirurg Ignaz S e n g erzählte mir folgende Begegnung mit Beethoven: „Ich war Secundarius im Wiener Allgemeinen Krankenhause auf der chirurgischen Abtheilung des Primarius Gaßner, wozu auch ein Theil des sogenannten Drei=Gulden=Zahlstockes gehörte, und wohnte links im großen Hofe gegenüber dem Mittelhause, worin sich die Direction zu ebener Erde befand. Im Spätsommer 1826 kam eines Tages, als ich eben Inspection hatte, ein Mann in grauem Rocke zu mir, den ich im ersten Augen= blicke für einen schlichten Bürger hielt. Er fragte trocken: „„Sind Sie Herr Secundarius S e n g? Man hat mich in der Aufnahmskanzlei an Sie gewiesen? Liegt bei Ihnen mein Neffe, der liederliche Mensch, der Lump, 2c.?"" Nach Erkundigung um den Namen des Gesuchten, bejahte ich die Frage und erwiderte, daß er in einem Zimmer des Drei= Gulden=Zahlstockes liege, an einer Schußwunde verbunden sei, und ob er ihn sehen wolle? worauf er sagte: „„Ich bin Beethoven"". Und während ich ihn nun zu Jenem führte, sprach er weiter: „„Ich wollte ihn eigentlich nicht besuchen; denn er verdient es nicht, er hat mir zu viel Verdruß ge= macht, aber . . . ."" und da fuhr er fort, über die Katastrophe zu sprechen und über des Neffen Lebenswandel und, wie er ihn allzusehr verwöhnt habe, u. s. w. Ich aber war ganz erstaunt, unter diesem Aeußeren den großen Beet= hoven vor mir zu haben, ihm versprechend, auf's beste für seinen Neffen sorgen zu wollen."

Auf der einen Seite war der Schuß ganz fehlgegangen, die Streifwunde an der anderen Schläfe hinterließ nach ihrer Heilung nur eine geringfügige Narbe, die Carl darnach durch Vorkämmen der Haare gut bergen konnte.

Der weit tiefer verwundete Oheim berieth sofort mit meinem Vater, was mit dem unglückseligen Neffen nunmehr

am besten anzufangen wäre. Die beiden Freunde kamen nach
vielfacher Ueberlegung überein, denselben zu fragen, ob er in
Militairdienste treten wolle. Nachdem er damit einverstanden
sich erklärte, besorgte mein Vater ohne Säumen die dazu
nothwendigen Vorbereitungen. Beethoven übernahm es, für
alle erforderlichen Kosten, für vollständige Equipirung ꝛc. des
als Ex-propriis-Kadeten zu assentirenden sorgen zu wollen,
„er möge nur in seinem neuen Stande ein brauchbarer Mensch
werden." Meinem Vater, als Hofrathe am Hofkriegsrathe,
erwies der Feldmarschalllientenant Baron Stutterheim
gerne die Gefälligkeit, die Angelegenheit zu fördern und Carl
in das Regiment, dessen Inhaber er war, als Ex-propriis
aufzunehmen; auch sagte er ihm zu, daß, falls jener gute
Conduite zeigen würde, er seinerzeit meinem Vater eine
Officiersstelle frei halten wolle.

Beethoven lebte sich allgemach in diese Aussicht hinein,
noch immer auf Carl's Besserung hoffend, wie sehr es ihm
auch leid that, seine früher angebahnten Pläne mit dem ge=
liebten Neffen aufgeben zu müssen. Doch es sollte bei den
bereits erlittenen Kümmernissen nicht allein bleiben, wenn=
gleich sie Beethoven's edles Gemüth ohnehin schon über=
mäßig gequält hatten. Es mengte sich überdieß noch die
Polizei in die Angelegenheit. Sie klügelte heraus, daß —
unzureichender Religionsunterricht die Quelle jenes Unheiles
gewesen sein müsse. Carl sollte sofort von Polizeiwegen
religiös belehrt werden, da es sein väterlicher Obsorger „so
wenig verstanden, ihm hinlänglich moralische Grundsätze bei=
zubringen." Beethoven's Briefe an Carl, die von Mo=
ralpredigten geradezu überschäumten, hätten solche Zumuthung
fürwahr kaum möglich erachten lassen! Er, der einst ge=
legentlich einer behördlichen Anfrage nach den Beweisen seines
Adels kurzweg auf Kopf und Herz als dem Sitze seines

Adels gewiesen, war über jene Zumuthung der Polizei wie in Folge all des Vorangegangenen so sehr ergriffen und im Innersten verletzt, daß seine Gesundheit zu wanken begann. — Mein Vater und Schindler riethen Beethoven einen zerstreuenden Ausflug an, und Bruder Johann lud ihn — leider zu sich auf seinen bei Krems gelegenen Besitz in Gneixendorf ein. — Ludwig, wie immer geneigt, seinem Bruder zu trauen, ließ sich alsbald verleiten, der Einladung Folge zu leisten. Kaum aber war er dort angekommen, als schon nach wenig Tagen Briefe an meinen Vater gelangten, die wieder einmal bezeugten, wie neuerdings der leichtgläubige Ludwig in seines schnöden, gewinnsüchtigen, geizigen, herz- und gemüthlosen Bruders Falle gegangen, — und meinen Vater für Ludwig's Gesundheit Bedenkliches fürchten ließen. Auf Johann's Besitzung angelangt, wo der Arg-Mitgenom- mene, den Versprechungen gemäß, hoffte, einige Zeit sorglos seiner Erholung leben zu können, hatte der Bruder ihm dort ein schlechtes, zum Bewohnen in der naßkalten Novemberzeit nur wenig geeignetes Gemach angewiesen, mit Heizung ge- kargt, auch selbe ganz verweigert, elendes unzulängliches Essen gegeben, nach drei Tagen Aufenthaltes ihm angekündigt, daß er ihm für seinen Aufenthalt Kost- und Wohnungsgeld zu zahlen habe*), — worüber Ludwig in einem Briefe aus Gneixendorf an meinen Vater sich schwer beklagt, und er hatte doch eine brüderliche liebevolle Behandlung erwartet! Dazu gesellte sich noch die anwidernde Gemeinschaft mit Jo- hann's Frau und Ziehtochter. Und dennoch, unter der-

---

*) In den Conversationsheften aus Gneixendorf vom Herbst 1826 (dermalen in der k. Bibliothek in Berlin) ist, von Johann geschrieben, zu lesen: „Wenn Du willst bei uns leben, so kannst Du Alles monatlich für 40 Gulden C. M., das macht das ganze Jahr 500 Gulden C. M."

artigen Geist und Körper untergrabenden häuslichen und ge=
sellschaftlichen Verhältnissen, brach keineswegs sein Geist zu=
sammen. Noch eine Composition, freilich seine letzte, sein
Schwanenlied, ward dort in Gneixendorf gedichtet: eine
Schöpfung, die frisch und phantasiereich von heiterer Be=
geisterung strotzt. Es ist dieß das Finale zum Quartett
Opus 130, in B-dur*) (statt des bekanntlich ursprünglichen
vierten Satzes: der als Opus 133 bei Artaria separat
erschienenen Streich=Fuge) — Schindler, 3. Aufl., II.,
S. 115 und Thayer's Chronologisches Verzeichniß der
Werke Beethoven's, Berlin 1865, S. 165 — und Beweises
genug, daß Beethoven im Componiren nicht von seinen
momentan socialen Umständen beeinflußt, d. h. der Erfin=
dungsborn und Charakter seiner Dichtungen nicht von seiner
jeweiligen Gemüthsstimmung abhängig war, wie dieß geschäf=
tige Ausleger in selbstgeschaffenen Schlußfolgerungen heraus
klügeln wollen. — Auch Ferd. Hiller spricht sich in diesem
Sinne aus: „Zum 17. December 1870", Kölnische Zeitung,

---

*) Auf denselben Notenblättern, auf welche dieser vierte Quar=
tettsatz in Gneixendorf von Beethoven geschrieben worden war,
fanden sich (s. Nottebohm's „Beethoviana" S. 81) noch mit
Bleistift geschriebene Entwürfe zu einem Quintettsatze E-dur mit
Angabe des Motives. Auch spricht Nottebohm von weiters auf
denselben Notenblättern vorgefundenen skizzirten Aufzeichnungen zu
einer vierhändigen Klaviersonate. — Ich weiß mich genau zu er=
innern, daß Diabelli, der diese Composition bestellt hatte, bei
seinem Besuche im Verlaufe der Krankheit Beethoven wiederholt
in meiner Gegenwart eindringlich angegangen: diese vierhändige
Klaviersonate doch noch zu vollenden, was dieser jedoch allemal
rundweg abschlug. Jedesmal, sobald Diabelli fortgegangen war,
äußerte Beethoven gegen mich: „Diabelli will durchaus, daß ich
an dieser Sonate arbeite, er glaubt mich dazu drängen zu können;
so lange ich aber krank bin, arbeite ich nichts."

indem er sagt: „— — Man sucht heutigen Tages ein be=
sonderes Interesse darin, die Einzelnheiten der Lebensumstände
großer Männer auf das Genaueste zu erforschen. Es ist
dagegen nichts einzuwenden, so lange man nicht ihre geistigen
Werke und Thaten in einen all zu engen Zusammenhang
zu bringen versucht mit ihren Lebensverhältnissen, was zu den
gewaltthätigsten Irrthümern führt, — oder so lange man
nicht in verkehrtem Enthusiasmus die Bedeutendheit ihrer
Productionen in dem Geringfügigsten wiederfinden will, was
man von ihrem Wesen und Wandel erfährt — — —."

Desto nachtheiligeren Einfluß aber hatten die leidigen
Zustände in Gneixendorf auf seinen durch die erlittenen Krän=
kungen bereits arg herabgestimmten und für schädliche äußere
Einflüsse somit desto empfänglicheren Körper.

Beethoven, der unwürdigen Aufnahme und Behand=
lung in Gneixendorf endlich müde und sich unwohl fühlend,
begehrte nach Wien zurückzukehren. Johann verweigerte
ihm seinen guten, geschlossenen Wagen und gab ihm, um
diesen zu schonen, einen schlechten offenen, ungeachtet des naß=
kalten Decembertages. Eine Bauchfellentzündung war
die Folge dieser durch seinen Bruder veranstalteten elenden
Heimreise. Wenn Gemüth und Körper durch Kränkung oder
schlechte Pflege herabgestimmt sind, wirkt ein von Außen
hinzu tretender schädlicher Einfluß um so leichter gefährlich
ein. — Daß die Krankheit, von welcher Beethoven befallen
worden, eine Bauchfell= und nicht Lungenentzündung, wie in
den Biographien irrthümlich zu lesen*), gewesen, läßt sich

*) Schindler, Biographie, 3. Aufl. II. p. 134, sagt und von ihm
haben es die späteren Biographen entnommen —: „Die Krankheit,
an welcher Beethoven darnieder lag, war anfänglich eine aus der
Erkältung des Unterleibes sich entwickelte Lungenentzündung, und

ärztlich beweisen und zwar aus folgenden Gründen: Einmal
weil nur eine Bauchfell=, nicht aber eine Lungenentzündung
eine Bauchwassersucht schaffen kann und dann, weil er, mag
auch im Beginne der Erkrankung immerhin gleichzeitig eine
katarrhalische Reizung der Athmungsorgane bestanden haben,
während des Verlaufes seiner Krankheit nicht hustete, die
kräftigste Stimme, nie Athmungsbeschwerden hatte, außer in
so weit später die übergroßen Wasseransammlungen im Un=
terleibe beängstigend nach aufwärts drückten, und endlich
weil die Lungen schließlich während seines fast dreitägigen
Todeskampfes sich so vollkommen gesund und überaus kräftig
erwiesen, daß von einer vorhergegangenen Lungenerkrankung
keine Rede sein konnte. —

Kurz Beethoven kam krank nach Wien. — In Folge
seiner Unbeholfenheit in practischen Dingen geschah es, daß
mein Vater nicht unmittelbar nach seiner Ankunft von seiner
erfolgten Rückkehr benachrichtigt worden war; obgleich ein
früherer Brief Ludwig's an meinen Vater diesen bereits in
schwere Besorgniß um dessen Gesundheit versetzt hatte. Bei
Empfang desselben hatte er sich geäußert: „Ich fürchte, Beet=
hoven steht in Gefahr sehr krank, wenn nicht gar wassersüch=
tig zu werden." Der Inhalt des Briefes, den ich in den
hinterlassenen Papieren meines Vaters nicht wiedergefunden
habe, mußte geradezu auf Symptome solcher Erkrankung schon
von vorne herein hingedeutet haben, und mein Vater, selbst
kein Arzt, wenngleich häufiger in ärztlicher Gesellschaft, hatte
das Uebel richtig erkannt. Der Neffe hatte sich inzwischen
wieder in seiner gewohnten rücksichtslosen Weise benommen,

---

fügt hinzu: „Diese wurde aber von Dr. Wawruch viel zu spät er=
kannt und, als die richtige Erkenntniß da war, war bereits das
Stadium der Bauchwassersucht eingetreten.

indem er seines Oheims Auftrag: ihm einen Arzt besorgen zu sollen, nicht allein für's Erste vergessen, sondern erst nach ein Paar Tagen, ganz gelegentlich, zufällig während des Billardspielens sich daran erinnernd, ganz oberflächlich den Marqueur des Kaffeehauses beauftragte: irgend einen Arzt zu seinem Oheime zu senden. Auf solche Weise kam denn endlich Dr. Wawruch zu dem mittlerweile schwerer Er= krankten und ward dessen ordinirender Arzt.

Dieser Mann war zwar Professor an der medicinischen Klinik für Wundärzte, und hatte in Behandlung einer Spe= cialität zu jener Zeit Erfahrung und Ruf, war auch als guter Lateiner bekannt; aber als Arzt hatte er sich nicht groß be= wiesen. Zum Mindesten können die Arzneimittel, die er in diesem Falle anwandte, platterdings nicht als solche bezeichnet werden, welche gegen die Wesenheit des Leidens gründlich wirken und helfen hätten können.*)

***

*) Ein von Dr. Andreas Wawruch zwar — unmittelbar nach dem Tode des großen Tonmeisters — verfaßter „Aerztlicher Rück= blick auf L. v. Beethoven's letzte Lebensepoche" wurde in dessen Nachlasse vorgefunden, durch Alois Fuchs in der Wiener Zeitschrift für Kunst, Literatur und Mode unter Redaction Friedrich Wit= thauer's (Nr. 86, am 30. April 1842) veröffentlicht; er strotzt aber von Unrichtigkeiten und von „von Eitelkeiten oder anderen Mo= tiven dictirten Vorgaben", und fand auch durch Ant. Schindler im Frankfurter Conversationsblatt unter Redaction J. N. Schuster's (Nr. 193, am 4. Juli 1842) gerechte und wahrheitsgetreue Berich= tigungen und Entgegnung, unter Hinweisung auf seine Biographie: „daß, was auf Beethoven's Krankenlager speciell Bezug habende Be= gebenheiten betrifft, fast alle ärztlichen Zusammenkünfte sowie über= haupt alles dort während vier Monaten Vorgefallene, entweder in meiner (Schindler's) oder des kaiserlichen wirklichen Hofrathes von Breuning oder dessen Sohnes Gegenwart (letzterer nun be= reits Doctor medicinae) stattgefunden, indem wir in diesem gleichsam heiligen Dienste stets abwechselten," u. s. w. Ferner auch noch

Kaum hatte mein Vater die Nachricht von Beethoven's Ankunft erhalten, so eilte er selbstverständlich zu ihm hinüber. Ich alsbald mit ihm, und, wenn er fortan, von Amtsgeschäften überbürdet, täglich meist nur Nachmittags gegen 4 Uhr an seines Freundes Krankenlager sich verfügen konnte, so weilte ich nach Vollendung oder vor Beginn meiner Unterrichtsstunden nunmehr täglich von 12 bis 2 und von 3 oder 4 bis 5 Uhr an demselben.

So schön die vorangegangene Zeit und so ungetrübt als unvergänglich die Erinnerung an dieselbe, so begann für mich jetzt zwar ein desto öfteres, weil täglich mehrstündiges Zusammenleben mit dem großen mir so lieben Manne; aber eine Trauerzeit, deren herbe Eindrücke sich meinem damals noch so jugendlichen Gemüthe um so unauslöschlicher und wehmüthig einprägten.

---

hinweisend, daß beinahe die meisten — die letzten acht Lebensjahre Beethoven's umfassenden — Verhandlungen und Gespräche aus jener traurigen Periode in des Meisters Conversationsbüchern (damals bei Schindler, jetzt in der königlichen Bibliothek in Berlin) aufbewahrt liegen, zu deren gewissenhafter Ausbeute Schindler einstens den geeigneten Mann wünsche, indem ihm als vielfach daran Theil habenden ihre Benützung nicht wohl anstehen würde.

Auch Dr. F. G. Wegeler bestätigt in seinem „Nachtrag zu den biographischen Notizen über L. van Beethoven" (Coblenz 1845 p. 13) die Berichtigung Schindler's über die Verdächtigung Dr. Waurauch's (statt richtig Wawruch): „Dr. Malfatti habe dem an Wassersucht Leidenden Punsch-Eis verordnet, weil er als langjähriger Freund Beethoven's dessen vorherrschende Neigung für geistige Getränke zu würdigen verstand", indem er Wawruch's Angabe „als durchaus unbegründet erklärt." — Ich kann nur bezeugen, daß Wawruch's Mittheilungen, der weder ein langjähriger, noch Freund Beethoven's überhaupt gewesen, so vollkommen aus der Luft gegriffen, als zum Zwecke eigener Beschönigung geschrieben sich darstellen.

Der kranke Beethoven lag, wie in seinen gesunden Tagen, in dem zweifensterigen Zimmer (in jenem, bevor man in sein Arbeitszimmer gelangte). Das Bett stand an der der Eingangsthüre gegenüber befindlichen, das große Zimmer von dem Compositionscabinete trennenden Wand, mit dem Kopf=ende an die hintere Mauer angerückt, so daß Beethoven, mit dem Gesichte nach den zwei Fenstern, mit der linken Seite aber der Mitte des Zimmers zugewandt, die ganze Stube übersah.

Neben dem Kopfende seines Bettes links stand ein Bett=kästchen und weiter, gegen den Ofen hin, ein langer Tisch; neben dem Bette ein kleiner Tisch und zunächst diesem zwei bis drei Sessel, für die wenigen ihn besuchenden Freunde. Auf dem Bettkästchen stand eine schwarz polirte Chatulle, worin er seine Handkassa verwahrt hielt, und dem Bettkästchen zur Seite, am Boden, ein zusammen geklapptes gelbes kleines Schreibpult.

Auf dem Tischchen neben dem Bette lag eine ehemalige Hausthürglocke, die Beethoven wohl einmal gelegentlich eines Wohnungswechsels mit sich genommen hatte, und nun, ob=gleich sehr urwüchsig und unelegant, ihres schallenden Tones wegen, sehr gute Dienste leistete, um von der im entfernten Hofzimmer sich aufhaltenden Wirthschafterin Sali durch die Mauer hindurch gehört zu werden. Außerdem lagen bestän=dig auf diesem Tische ein aus Conceptpapier zur Octavform gefaltetes und genähtes Correspondenzheft sammt Bleistift zur Conversation mit dem tauben Kranken, und zu gleichem Zwecke eine Schiefertafel sammt Griffel. Auf das Eine oder das Andere schrieben die Besuchenden ihre Ansprachen. Ich be=nützte meistentheils die letztere, was ich jetzt bedauere, da ich — für meinen Theil — nur aus vereinzelten selteneren in die Hefte geschriebenen Zeilen meine damals — wohl knaben=

haft — gepflogenen Unterredungen entnehmen könnte. Das Wesentlichste meiner damaligen Unterredungen und der mit= erlebten Begebenheiten liegt aber dennoch so tief in meinem Gedächtnisse, daß ich mich des Meisten noch gar gut entsinne.

Diese eben erwähnten Conversationshefte, wie so man= ches Andere, aber hat willkommener Weise Schindler. am Ende von Beethoven's Leben gesammelt und befindet sich jetzt zumeist in der königlichen Bibliothek in Berlin. Ohne seine Dazwischenkunft wären diese Hefte, die über Kunst, Wissen= schaft und besonders Beethoven's jeweilige Lebensverhältnisse reichhaltigen Stoff dem Forscher liefern, in alle Welt ver= streut, ja weit wahrscheinlicher noch verloren gegangen; ins= besondere, da mein Vater, aus übergroßer Berücksichtigung des ihm nicht eigenthümlich Zukommenden, weder selbst etwas davon nehmen, noch mir zugestehen wollte, mir dieselben an= zueignen.

Obgleich 47 Jahre verflossen, seit ich diese traurig un= vergeßliche Zeit neben dem Leidenslager unseres geistesstarken Freundes verlebt, fällt es mir in der That schwer, ohne mich überwältigender Rührung die einzelnen Begebnisse zu Papier zu bringen. Ich sage des Geistesstarken, denn gar selten kam ein Laut der Klage über des schwer Leidenden Lippen. Er beschäftigte sich, wenn auch durchaus nicht mehr mit Com= positionsaufschreibungen, doch mit den Ideen für und zu sol= chen, mit Plänen für noch auszuführende längst gedachte Schöpfungen (zumal die zehnte Symphonie), mit ihn inte= ressirenden Tagesereignissen, gar sehr mit dem Gange seiner Krankheit, mit seinen Geldbedürfnissen, die ihm bei befürch= tetem längeren Bestande seines Leidens und einer eventuellen Erholungskur bange machten, u. s. w. —

Bemerkenswerth ist, daß — endlich — der ihn früher so übermäßig quälende Gedanke an seinen Neffen, nachdem

diesen mein Vater in ein Regiment — nach Iglau — als
Cadett untergebracht hatte, fast Abschluß oder doch Milderung
in seinem Gemüthe gefunden zu haben schien. Seine Er-
kenntlichkeit gegen den Inhaber des Regiments: Feldmarschalllieutenant v. Stutterheim, veranlaßte ihn, ob dessen gegen
meinen Vater und ihn an den Tag gelegten Gefälligkeit,
diesem sein Streichquartett in Cis moll, Opus 131, zu widmen. Desto mehr ärgerte er sich täglich über die in der
That nichtssagenden Besuche des Professor Wawruch. Derselbe hatte den armen Beethoven bald eine wirklich staunen-
erregende Menge Salep-Decoctes trinken lassen. 80 Sechs-
Unzenflaschen hatte die Wirthschafterin Sali bereits in die
Apotheke zurück getragen, um die dafür rückzuerhaltenden je
zwei Kreuzer einzukassiren, und bald darauf konnte Sali
denselben Erlös für andere 80 Flaschen, die ihm abermals
verschrieben worden waren, aus der Apotheke holen. Außerdem hatte ihm Wawruch auferlegt, das Trinkwasser allemal
mit einigen Löffelchen Weinsteines und Zuckers vermengt zu
trinken, und allein die Anzahl dieses von mir während der
Paar Stunden meiner täglichen Besuche eingerührten Geträn-
kes lief auf eine unglaubliche Menge hinaus. Alles vergebens, und auch jeder Laie konnte es beurtheilen, daß solch
Verfahren zu keinem vernünftigen Ziele führen mochte; denn
symptomatisch auf den Organismus einzuwirken, hilft für sich
allein nichts, wenn nicht unter Einem gegen die Wesenheit
und Grundursache des Uebels gehandelt wird. Die Wasser-
bildung wuchs in des armen Mannes Bauche so, daß schon
für den 18. December die erste Punction für nöthig be-
funden und durch den Primarius Seybert ausgeführt wurde.
Da nichts Wesentliches gegen die begründenden Ursachen von
Seiten Wawruch's geschehen, war es so weit gekommen,
und, da auch fernerhin nichts Gründliches geschah, begann der

Bauch alsbald wieder sich mit Wasser zu füllen, obgleich noch
Tagelang nach der Operation fortan Wasser in unberechen=
barer Menge aus der wiederholt rothlaufartig sich entzün=
benden Operationswunde aussickerte.

Beethoven hatte auch nach seinen früheren Aerzten:
Professor Braunhofer (diese Wahl wäre zwar keine bessere
gewesen) und Dr. Staudenheim gesendet; doch Beiden soll
der Weg nach dem knapp am Glacis, zunächst der inneren
Stadt, liegenden Schwarzspanierhause zu weit gewesen sein,
oder galt dieß wenigstens zur Ausrede, wohl aus Besorgniß,
nicht hinlänglich honorirt zu werden. Auch Wawruch gab
zeitweilig, vermuthlich aus ähnlicher Befürchtung, in meiner
Gegenwart meinem Vater, Schindler ꝛc. zu verstehen, daß
das Honorar bei Ausübung der Praxis stets im Auge zu
halten sei, und benahm sich überhaupt trocken, geradezu theil=
nahmlos, — ganz im Gegensatze zu seinen Aeußerungen in
dem oberwähnten „Aerztlichen Rückblick" —; so, daß es
Beethoven, bei der Erfolglosigkeit des Heilverfahrens, be=
greiflich werden mußte, daß dieser Arzt zum mindesten nicht
der geeignete für ihn sei. Auch mein Vater war mit dem
Gebahren Wawruch's, der die Anwesenheit der Umgebung
des nach Hülfe schmachtenden Kranken vielmehr dazu be=
nützte: mit seinem Latein, das er gut sprach, zu prunken,
gar wenig zufrieden. So geschah es denn nicht selten, ja all=
gemach fast jedes Mal, daß Beethoven, wenn er eben im
Gespräch mit mir begriffen und ich ihm den durch das an=
stoßende Zimmer ankommenden Wawruch ankündigte, un=
willig sich gegen die Wand wendete mit den Worten: „Ach,
der Esel!" und dann nur lakonisch ihm antwortete, schließlich
auch wohl keine Antwort auf die von Wawruch an ihn ge=
stellten Fragen mehr gab. Wawruch's Theilnahmlosigkeit
und geschäftsmäßiges Verfahren, noch mehr aber, daß er —

troß der von Beethoven ihm immer mehr und mehr auf=
fällig dargelegten Vertrauenslosigkeit für seine Person — seine
Besuche dennoch unbekümmert pedantisch fortseßte, fielen auch
selbst mir auf, und, da des Kranken Zustand um nichts sich
besserte, wurde ich sehr besorgt. Wawruch's Erscheinen
machte mir einen ungemein widerwärtigen Eindruck. Wenn
ich nun nach beendetem Besuche desselben gegen Beethoven
diese meine Empfindung auch wieder unverhohlen aussprach,
erging der sich immer kränker fühlende Meister in um so ge=
wichtigeren drastischen Ausfällen auf ihn und nahezu in glei=
chem Maße gegen Dr. Seybert, obgleich er letzteren doch
noch als „besser" bezeichnete. Aber in der That ging auch
dieser keineswegs tiefer in die Krankheitslage ein, als lediglich,
was seinen auszuführenden technisch=operativen Antheil an=
belangte.

Wie gerne hätte ich meinen Vater überredet, auf Aen=
derung des ärztlichen Beistandes Einfluß nehmen zu wollen,
und habe auch mehrmals Anlauf deßhalb genommen; doch
mein Vater konnte sich anbetrachts der immerhin auf Schrau=
ben gestellten Beziehungen zu Johann van Beethoven und
aus anderen Gründen mehr in dieser Hinsicht nicht wohl ein=
mengen.

Beethoven hatte übrigens noch einen ärztlichen Freund,
und zwar einen Mann, der damals den gefeiertsten Namen
als Arzt in Wien trug. Dieß war Dr. Malfatti. Er
sandte nach ihm; doch dieser vom Publicum hoch getragene
Mann hatte sich einst von Beethoven beleidigt gehalten
und verweigerte seinen Besuch. Erst weiterer Vermittlung
(s. Schindler, 3. Aufl. II. S. 153) bedurfte es, diesen
alten Freund an des Todtkranken Bett zu bringen. Ich
war bei dem ersten und den etlichen folgenden Besuchen an=
wesend. Beethoven erwartete denselben mit steigend spannend=

ſter Erwartung und wie verklärt und voll freudigſten Ent=
zückens waren ſeine Geſichtszüge bei Malfatti's Eintritt.
Er ſchien aus deſſen Miene die lang vergeblich angeſtrebte
Geneſung zuverſichtlich zu ſchlürfen. Allein der ſonſt geiſt=
reiche Arzt ſcheint bei Beethoven wenig inſpirirt geweſen zu
ſein. Der bei der erſten Viſite verordnete Eispunſch „zur
Hebung des durch Wawruch's Arzneiüberladung übermäßig
erſchlafften Tones der Verdauungsorgane" hatte zwar er=
wünſchte, aber gar zu bald vorübergehende Erfriſchung zur
Folge; dagegen bei einer folgenden, freilich wenig Tage nach
der leidigerweiſe ſchon ausgeführten zweiten Punction, gemach=
ten Viſite: eine Art Dunſtbad verſchlimmerte des ſehnſüchtig
Hoffenden Zuſtand derart augenfällig, daß es nach nur ein=
maliger Anwendung allſogleich weggelaſſen werden mußte. —
Mit heißem Waſſer gefüllte Krüge waren in einer Wanne
geſchichtet, darüber Birkenlaub dicht gelegt, und darauf der
Kranke geſetzt worden, während Wanne und Körper — mit
Ausnahme des Kopfes — mit einem Laken zugedeckt wurden.
Malfatti meinte, hierdurch bethätigend auf die Haut ein=
wirken und den Organismus in ergiebigen Schweiß verſetzen
zu können; doch ſtellte ſich gerade das Gegentheil als un=
mittelbare Wirkung heraus: der gleich einem Salzblocke den
ſich entwickelnden Waſſerdunſt mächtig an ſich ziehende Kör=
per, welcher durch die kaum gemachte operative Abzapfung
ſeines Waſſers eben erſt entledigt worden war, quoll noch im
Apparate ſichtlich an, und machte ſchon nach wenig Tagen
die erneuerte Einführung der Operationscanüle in die noch
nicht verheilte Operationswunde erforderlich. —

Wie auf den Meſſias ſehnſüchtig harrte Beethoven auf
Malfatti's erneuerten Beſuch; doch nur in mehrtägigen
Zwiſchenräumen kam er ſelbſt wieder, inzwiſchen ſtellver=
tretend mitunter ſeinen Aſſiſtenten Dr. Röhrig ſendend, und

schon dieser stellvertretende Besuch entlockte Beethoven's Ge=
sichtszügen — bei aller sichtbaren Enttäuschung, den ver=
meintlichen wirklichen Retter nicht selbst zu sehen — allemal
freudigeren Ausdruck. Als aber Malfatti gar einmal seinen
als gewiß versprochenen Besuch nicht einhielt, und statt seiner
Wawruch eintrat, da entsinne ich mich ganz besonders, wie
an diesem Tage unter ungestümem Umwenden seines Körpers
gegen die Wand der „Esel" ungewöhnlich hörbar Beethoven's
Munde entfuhr, ohne übrigens von Wawruch gehört oder
— berücksichtigt worden zu sein.

Den auf herabgestimmte Erwartung deutenden Ausruf:
„Ach! der ist es!" habe ich mitunter häufig noch vernom=
men, wenn Bruder Johann eingetreten, dagegen wenn
Schindler kam oder gar mein Vater oder ich unbedeuten=
der Junge, da lächelte er uns allemal freundlich entgegen. —

Doch ich will zu meiner und des Lesers Erholung von
dem traurigen Krankheitsbilde etwas abweichen und auf einige
andere Begebenheiten übergehen, die sich im Verlaufe dieser
Leidenszeit ereignet haben:

Ich muß hier vorausschicken, daß, nachdem mein sehn=
licher Wunsch, mit Beethoven in so nahe tägliche Verbin=
dung gekommen zu sein, nunmehr in vollem Maße in Er=
füllung gegangen war, ich den weiteren Wunsch hegte, gleich
meinem Vater zu ihm Du sagen zu können. Hatte ich mich
doch längst mit ganzer Seele an ihn gehangen und nicht ge=
ringen Stolz darein gesetzt, von ihm geliebt zu sein; also
auch noch zu den wenigen Auserwählten in dieser Beziehung
gehören zu sollen. Ich frug meinen Vater, in welcher Weise
ich dazu eine Einleitung treffen könnte: ob er die Vermitt=
lung dafür übernehmen wolle, oder ob ich selbst ihn um
diese Erlaubniß bitten solle. Mein Vater erwiderte mir
kurzweg: „Wenn dir dieß Vergnügen macht, so bedarf es

aller dieser Umschweife nicht; rede ihn ohne weiters so an, er wird dir es keinesfalls übel nehmen, eher darüber sich freuen, und es wird ihm überhaupt gar nicht einmal auffallen." Auf diese Zusage bauend, da ich ja wußte, wie sehr mein Vater Beethoven's Denkart kannte, wagte ich mich denn gleich bei meinem nächsten Besuche, wo ich mit Beethoven allein war, — es war dieß in der ersten Zeit seines Krankseins —, mit zwar pochendem Herzen, aber doch kecken Muthes daran, es zu versuchen, und das erste, das ich ihm im Gespräche schrieb, ward in dieser Ansprache gehalten. Gespannt beobachtete ich seine Gesichtszüge, als ich ihm die Schiefertafel vorhielt. — Es kam, wie mein Vater zuletzt gesagt; Beethoven gewahrte es durchaus nicht, und fortan blieb es nun dabei.

Doch nun zu den Begebenheiten selbst:

Während seiner Krankheit (gegen Mitte Februars 1827) kamen eines Vormittags Händel's sämmtliche Werke — in schöner Quartausgabe, gebunden — an ihn als Geschenk von dem Harfenvirtuosen Stumpff gesendet. Diese zu besitzen, war sein lang gehegter Wunsch gewesen, und, eben diesem einst verlauteten Wunsche zu entsprechen, war das Geschenk gemacht worden. Als ich Mittags, wie alltäglich um 12 Uhr, zu ihm in das Zimmer trat, wies er mir mit Vergnügen-strahlenden Augen allsogleich die auf einem der beiden Claviere aufgehäuften Werke: „Sieh, dieses habe ich heute geschenkt erhalten; man hat mir mit diesen Werken eine große Freude gemacht. Schon lange habe ich sie mir gewünscht; denn Händel ist der größte, der tüchtigste Compositeur; von dem kann ich noch lernen. Bring mir die Bücher Mal her." Dieß und anderes darauf bezügliches sprach er fort und fort in freudiger Erregung. Und nun begann ich, ihm eines nach dem anderen hinüber in sein

Bett zu reichen. Er blätterte in einem Bande nach dem anderen, wie ich sie ihm gab, verharrte mitunter bei einzelnen Stellen, und legte einen Band nach dem anderen sofort zu seiner Rechten auf sein Bett gegen die Wand hin, bis endlich alle dort aufgethürmt standen und mehrere Stunden so verblieben, denn noch Nachmittags fand ich sie daselbst. Und wieder begann er über die Größe Händel's sich in lebhaften Lobeserhebungen zu ergehen, ihn als den klassischesten und gründlichsten aller Tondichter zu bezeichnen. —

Einstmals, wie öfter, wenn ich kam, fand ich ihn schlafend. Ich setzte mich dann an sein Bette, mich ruhig verhaltend, um ihn aus dem — erhoffend ihn kräftigenden — Schlafe nicht zu wecken, und blätterte und las unterdessen in den auf dem Betttischchen noch zum Gebrauche liegenden Conversationsheften, um zu wissen, wer inzwischen hier gewesen und was besprochen worden sei. Da fand ich unter anderem die Stelle: „Ihr gestern von Schuppanzigh aufgeführtes Quartett hat nicht angesprochen." — Als er nach kurzer Zeit erwachte, hielt ich ihm diese Stelle vor die Augen, ihn fragend, was er dazu sage: „Wird ihnen schon einmal gefallen" war die lakonische Antwort, die er mir gab, und noch fügte er hinzu im Bewußtsein und unter bündigen Aeußerungen etwa, daß er schreibe, wie er es für gut halte und sich durch das Urtheil der Gegenwart nicht beirren lasse: „Ich weiß, ich bin ein Künstler." —*)

---

*) Schindler II, p. 281 beantwortet die oft von Kunstfreunden an ihn gestellte Frage: „ob Beethoven wohl jemals die Hoffnung laut werden ließ, daß seinen Werken einstens die verdiente Würdigung zu Theil werden würde", mit „Niemals" —; indeß fügt er als leise Vermuthung hinzu: „er könne dennoch auf ein Wiedererstehen sämmtlicher Werke — hatte er doch bis auf die Symphonien und Quartette fast alle übrigen Schöpfungen bereits so gut wie todt

So kamen wir, da wir allein waren, weiter im Ge=
spräche über musikalische Schöpfungen, und ich nahm Ge=
legenheit, ihn zu fragen, warum er keine zweite Oper ge=
schrieben?, obgleich ich längst von meinem Vater gewußt,
daß ein Hauptgrund für dieses Unterlassen in den vielen
Aergernissen gelegen, welche ihm bei der In=Scene=Setzung
des Fidelio widerfahren waren, und auch in dem Umstande,
daß man diese Oper so wenig anerkannt und sie ihm noch
weniger Gewinn eingetragen hatte. Er erwiderte mir: „Ich
wollte eine andere Oper noch schreiben, aber ich habe kein
passendes Textbuch dazu gefunden. Ich brauche einen Text,
der mich anregt; es muß etwas Sittliches, Erhebendes sein.
Texte, wie Mozart componiren konnte, wäre ich nie im
Stande gewesen, in Musik zu setzen. Ich konnte mich für
liederliche Texte niemals in Stimmung versetzen. Ich habe
viele Textbücher erhalten, aber, wie gesagt, keines, wie ich es

---

gesehen —, wenn auch in fernerer Zeit, gehofft haben." So fanden
sich z. B., fährt Schindler fort, in Göthe's Einleitung zum
west=östlichen Divan, wo er von dem augenblicklichen oder erst nach
mehreren Jahren erfolgten Verständnisse seiner schwieriger faßlichen
Werke spricht, folgende Worte von Beethoven's Hand zur Seite an=
gestrichen und auch besonders in einem seiner Tagebücher abgeschrie=
ben: „— — — und ein zweites, drittes wachsendes Geschlecht ent=
schädigt mich doppelt und dreifach für die Unbilden, die ich von
meinen früheren Zeitgenossen zu erdulden hatte." — Ferners habe
Beethoven bei dem Andrängen der italienischen Tonfluthen in einem
Gespräche im Freundeskreise mit Emphase erwidert: „Nun, den
Platz in der Kunstgeschichte können sie mir doch nicht nehmen." —
Die mir gegebene Antwort: „Wird ihnen schon einmal gefallen",
dürfte einen weiteren Anhaltspunkt geben, zu hoffen, daß unser all=
zu stiefmütterlich von der Mehrzahl seiner Zeitgenossen bedachte und
erkannte Meister doch einigen Trost in dem Selbstgefühle seiner
Künstlerschaft wenigstens geahnt habe, wenngleich vom Hoffen zum
Genuß noch eine weite Kluft gähnt.

gewünscht hätte." (S. früher.) — Und weiters sagte er
mir: „Ich habe noch Vieles schreiben wollen. Jetzt die 10.
Symphonie*), auch ein Requiem wollte ich componiren, und
die Musik zu Faust; ja auch eine Clavierschule. Diese hätte
ich aber ganz anders gemacht, als die Anderen sie verfaßt
haben. Nun dazu komme ich nicht mehr, und überhaupt, so
lange ich krank bin, arbeite ich nichts, wie sehr auch Dia=
belli und Haslinger drängen mögen; denn dazu muß ich
aufgelegt sein. Ich habe oft lange Zeit nichts componiren
können; dann kömmt es auf einmal wieder."

Ein andermal wieder hatte ich ein Skizzenbuch auf
einem Möbel im Zimmer liegend gefunden. Es war ganz
voll Noten in den verschiedensten Absätzen beschrieben und
selbst querüber auf dem weißen Rande aus freier Hand er=
gänzende Notenlinien gezogen und in diese die mannichfach=
sten Tongedanken verzeichnet; — ein eigenthümlicher Anblick.**)
Ich hielt ihm dasselbe vor, ihn fragend, ob er denn wirklich
nöthig habe, seine Inspirationen sich zu notiren; denn ich

---

*) Diese wollte er dann, als in seinen letzten Tagen die Schen=
kung von 100 Pfd. unter Sendung vom 1. März 1827 von der
Philharmonischen Gesellschaft in London an ihn gekommen war,
aus Dankbarkeit diesem Vereine widmen. Mich will bedünken,
Beethoven hätte dabei die Absicht gehabt, englische Musikweisen in
dieselbe zu flechten; doch Schindler widersprach dieser meiner viel=
leicht vagen Erinnerung.

**) Zwei solcher Skizzenhefte besaß späterer Zeit Aloys Fuchs
in Wien. Dieser erzählte mir, daß, als er selbe einst dem jugend=
lichen Mendelssohn bei seiner Anwesenheit in Wien gezeigt, und
dieser augenblicklich jede Skizze nach dem Orte und Werke, zu wel=
chem Beethoven sie verwendet hatte, erkannte und sofort auf dem
Claviere spielte, er sich von dieser Genialität so sehr überwältigt
sah, daß er das eine Heft dem in Verklärung sie beschauenden Jüng=
linge schenkte.

7

war damals noch zweifelhaft, ob ein so großer Geist in gleicher Weise wie andere minder Begabte derlei Gedächtniß= nachhülfe bedürfte. Er aber entgegnete mir: „Ich trage solch ein Heft (es war gröbliches Maschinen=Notenpapier, in querer Liniirung, einfach geheftet und dann zusammen ge= klappt) immer bei mir, und, kömmt mir ein Gedanke, so notire ich ihn sogleich. Ich stehe selbst des Nachts auf, wenn mir etwas einfällt, da ich den Gedanken sonst verges= sen möchte." —

Ein ander Mal (Mitte Februar) hatte Diabelli die eben in seinem Verlage erschienene Lithographie von Jos. Haydn's ärmlichem Geburtshause in dem mährischen Dorfe Rohrau Beethoven zum Geschenke gebracht. Es hat ihm dieses Bild große Freude gemacht, und, als ich Mittags kam, zeigte er es mir gleich: „Sieh, das habe ich heute bekom= men. Sieh Mal das kleine Haus, und darin ward ein so großer Mann geboren. Dein Vater muß mir dazu einen Rahmen machen lassen; ich werde das Bild aufhängen." — Nachmittags, als ich wieder und mit meinem Vater kam, theilte er ihm diesen seinen Wunsch mit. Ich nahm das Bild sofort und mein Vater bat meinen Clavierlehrer, einen einfachen Rahmen aus schwarz polirtem Holze, wie es Beethoven gewünscht hatte, dazu zu bestellen, und das Bild baldigst eingerahmt bringen zu wollen. Heller hocherfreut über die ihm zugefallene Ehre, für den großen Beethoven etwas thun zu können, führte diese Bitte nicht allein binnen wenigen Tagen nach Wunsch aus, sondern hatte in zuvor= kommender Weise überdieß unter das Bild auf dessen weißen Rand thunlichst kaligraphisch geschrieben: „Jos. Hayden's Geburtshaus in Rohrau." Ich bemerkte den Fehler, daß statt Haydn Hayden geschrieben worden war, meinem Va= ter. Ungeachtet dieser mir aber entgegnet hatte: ich möge diesen Fehler immerhin unberührt lassen, Beethoven würde ihn nicht bemerken, welche Voraussetzung, als ich das Bild Beethoven überbrachte, anfänglich auch wirklich sich bewahrheitete, war ich doch dießmal unfolgsam genug, ihn auf diesen Fehler aufmerksam zu machen. Der Erfolg dieser naseweisen Bemerkung war ein eigenthümlicher. So vergnügt Beethoven vorerst das übrigens so hübsch ausgestattete Bild betrachtet hatte, so mißmuthig wurde er urplötzlich. Sein Gesicht überzog sich mit Zornesröthe, und heftig frug er mich: „Wer hat denn das geschrieben?" „„Mein Clavierlehrer."" — „Wie heißt der Esel? — Ein solcher Ignorant will Clavierlehrer, will Musiker sein, und weiß nicht einmal den Namen eines Meisters wie Haydn richtig zu schreiben. Das soll er nur gleich ausbessern; denn das ist eine Schande" u. s. w. — Mir hatte es leid gethan, meinen guten Lehrer in falsches Licht bei Beethoven gebracht zu haben, und ich suchte auf alle Weise den Fehler zu beschönigen, und äußerte auch, daß Vater mir verboten, es zu sagen: „Du würdest es nicht merken." Aber sein Zorn ward eher mehr angefacht und er erklärte mir: es nur im ersten Augenblicke übersehen zu haben, später hätte er es, wie jeder Mensch von nur einiger Bildung, sicher gleich wahrgenommen, u. dgl. m. Die Folge war, daß ich das Bild wieder nach Hause nehmen und den Fehler tilgen lassen mußte, von meinem Vater aber auch eine Rüge über meine überflüssige Bemerkung erhielt. Als ich das Bild nach ein Paar Tagen wieder gebracht, brummte Beethoven nochmals über den gemachten Fehler und ließ die von mir auf mehrfache Art versuchte Entschuldigung meines Lehrers nicht weiter gelten, als mit der Entgegnung: „Er mag als Meister wohl genügen, aber er ist denn doch ein oberflächlicher Mensch, der, wie die meisten, eben nichts mehr gelernt hat und zu lernen sich bestrebt, als was ihm nothdürftig erforderlich ist."

7*

Aber noch eine characteristische Scene sollte dieß ein=
fache Bild hervorrufen: Bei dem nächsten Besuche meines
Vaters begann Beethoven vorerst abermals gegen diesen ob
des von meinem Clavierlehrer begangenen Schreibfehlers die
Tüchtigkeit desselben für meinen Unterricht zu bezweifeln;
dann aber, nachdem er in dieser Hinsicht durch meinen Vater
beruhigt worden war, frug er ihn: was er für den Rahmen
gezahlt habe. Mein Vater wollte den geringfügigen Betrag
nicht angeben. Beethoven aber bestand darauf. „Nun
denn", schrieb mein Vater, „2 Guld. und 15 Kr. W. W."
(beiläufig dürfte es diese Summe gewesen sein). Worauf
Beethoven: „Nimm das schwarze Kästchen hier vom Bett=
kasten, da wirst Du Geld darin finden." Vater that es,
fand darin kein passendes Kleingeld und nahm daher eine
Fünf=Gulden=Note heraus, um sie zu wechseln. Beethoven
war eben sehr matt und schläfrig und hatte die Augen ge=
schlossen. Als mein Vater dieß merkte, wartete er mit ge=
öffneter Chatulle, bis jener die Augen wieder aufschlug, um
ihm dann zu zeigen, was er herausgenommen und welchen
Restbetrag er dagegen hineinlege, wonach er, schon mit der
Zeit gedrängt, forteilte, um nach seinem Bureau zu gehen.
Beethoven hatte der Sache keine Aufmerksamkeit zugewendet,
und dazu, gleichsam als ob aus dem Schlummer unangenehm
gestört, nur ganz kurz und mit einer abwendenden Bewegung
„Schon gut" gesagt. Kaum aber war mein Vater fort=
gegangen, wobei Beethoven vollends erwachte, äußerte er
sich verletzt über das von seinem Freunde beargwohnte Miß=
trauen, in gereiztem Tone mir vorhaltend: „Warum hat
denn Dein Vater mir die Banknote vorgewiesen? glaubt er
denn, daß ich etwa kein Vertrauen in seine Redlichkeit habe?
Ich denke, wir sind alte Freunde genug, um von unserer
Rechtschaffenheit überzeugt zu sein" u. s. w. Es zeigte sich

bei dieser unbedeutenden Veranlassung so recht deutlich, wie leicht empfindsam und reizbar Beethoven's zartes Gemüth war. Es hatte ihn verletzt, daß sein Freund eine üble Eigenschaft an ihm vermuthet hatte. — Aber Steffen gab ihm an Empfindlichkeit des Gemüthes nichts nach. Als eines Tages während der Krankheit ein Brief unter der Adresse: „An Herrn Ludwig van Beethoven, Tonsetzer in Wien" ankam, ärgerte sich mein Vater ernstlich darüber, daß der Schreiber Tonsetzer statt Tondichter überschrieben hatte, „als ob er ein Töpfer wäre, es fehlte dafür in dem Worte Ton nur das h." — Freilich war mein Vater für seinen armen kranken Jugendfreund vielfach verletzt ob der geringen Theilnahme, die man dem großen Manne während seiner Leidenszeit im Allgemeinen zugewendet hat. —

Wie herzensgut Beethoven aber gewesen, wie er von mir, da ich doch noch so jung war, stundenlang sich vorschwatzen ließ, wie er in alle meine kindlichen Einfälle eingegangen, bezeugt folgendes: Ich hatte einen Walzer componirt, einen Walzer höchst nichtssagender Beschaffenheit, hatte ihn nieder geschrieben, und trug drängendes Verlangen in mir, ihn Beethoven zu zeigen; was er dazu sagen, wie er ihn finden würde. In meiner doch ängstlichen Eitelkeit frug ich meine Eltern, ob ich, ohne Gefahr zu laufen von ihm ausgelacht zu werden, es wagen könnte, ihn meine Arbeit sehen zu lassen. Der bejaenden Antwort folgte die rasche Ausführung. Mit dem Notenblatt in der Tasche flog ich Mittags zu ihm. Ich fand bei ihm, der doch sonst meist allein war, eben heute Tobias Haslinger und dessen Sohn Carl. Das war mir an jenem Tage sehr unangenehm; denn es vermehrte meine Scheu. Vergebens wartete ich, daß diese sich bald verabschieden würden. Sie blieben und es nahte bald meine Essensstunde, um welche ich zu

Hause einzutreffen hatte. Meine Ungeduld wuchs und, ob=
gleich ich vielleicht schon Nachmittags desselben Tages, sicher
aber einen der nächsten, die so oft gebotene Gelegenheit mit
Beethoven allein zu sein, hätte erwarten können, ließ mir
meine Hast denn doch nun einmal keine Ruhe. Ich über=
wand die doppelte Scheu, die ich, trotz aller gewohnten Ver=
traulichkeit im Umgange mit Beethoven, dennoch vor ihm und
überdieß heute vor der Gegenwart jener zwei in Musik be=
wanderten Haslinger's empfand. Einen Augenblick der
Gesprächstockung benützend, zog ich mein Notenblatt aus der
Tasche und schrieb meine Dreistigkeit: in einer Composition
mich versucht zu haben, auf die Schiefertafel, Beides
Beethoven reichend: Schrift und Notenblatt —. „Nun
laß Mal sehen, was Du gemacht hast", war unter Zulächeln
seine Antwort. Er nahm das Blatt, las es aufmerksam
durch, begehrte einen Bleistift und sprach: „Es ist kein Feh=
ler darin außer dem einen, daß Du da im Baß die gleiche
Note wie im Prim angesetzt hast. Er schrieb mit dem Blei=
stifte statt der gefehlten Baßnote den richtigen Ton in mein
Manuscript und gab mir das Blatt zurück. — Auch Has=
linger besah dann meine Schöpfung, und ich konnte aus dem
gleichgültigem Weglegen derselben aber bald von dem Werthe
meines Produktes überzeugt mich halten. — Zu meinem
Leidwesen ist mir dieß Notenblatt gleichzeitig mit jenen be=
reits erwähnten 12 Briefchen Beethoven's an mich wäh=
rend unseres Wohnungswechsels nach dem Tode meines Va=
ters in Verlust gerathen. —

Zu den Beethoven während der Krankheit täglich
Besuchenden zählten nur mein Vater, ich, Schindler,
Bruder Johann, anfänglich — in so lange er noch in
Wien war — auch noch sein Neffe; häufig kam Carl Holz,
zuweilen Tobias Haslinger allein oder mit seinem Sohne

Carl, dann Diabelli; ab und zu kamen des Baron Eskele's Haushofmeister Rauch, der bekannte Clavierlehrer Doleza- lek, der Violinvirtuose Clement. Von Wien berührenden Fremden: die Sängerin Schechner (gest. 1870), Hummel mit seinem Schüler, dem 15=jährigen Ferdinand Hiller*); höchstens noch ein Paar andere Personen außer den Genann- ten, Schindler's Schwester, Br. Gleichenberg, wie dieß aus den Conversationsheften zu sehen ist.

Rauch brachte durchschnittlich Dunstobst im Auftrage seiner Herrin, welches, da es Beethoven selten oder nur zum Theile mundete, dann ich meistentheils zu verzehren be- kam. Dieß, einige Flaschen Weines von Malfatti, Haydn's Geburtshausbild, Händel's Werke und endlich 100 Pfd. von der Philharmonischen Gesellschaft in London mit dem aufmunternden Briefe: in Zukunft zu allem Erfor- derlichen und Gewünschten bereit zu sein, bildeten die Liebes= gaben, die der kranke Beethoven erhalten. — Diese wenigen Besuche aber machten ihm viel Vergnügen. Mal= fatti's Visiten elektrisirten ihn, da er die ganze Hoffnung für seine Wiederherstellung in dessen Geschicklichkeit setzte. Doch Malfatti kam ihm viel zu selten; desto öfter die bei= den anderen, hier ohnmächtigen Aerzte. —

Ja wohl ohnmächtig, denn keine ihrer Arznei= und Operationskünste vermochte auch nur ein wenig Besserung, ja nicht einmal Einhalt der immer wachsenden Krankheit ab= zugewinnen. Kurz, die operative Abzapfung mußte, einmal unternommen, bald wieder und in immer kürzeren Zwischen=

---

*) Interessant und wahrheitsgetreu hat Dr. Ferd. Hiller aus jener Zeit seine schriftlichen Aufzeichnungen „Aus den letzten Tagen Ludwigs van Beethoven" veröffentlicht (s. Kölnische Zeitung, 16. Dec. 1870 und separat abgedruckt). Es findet darin so manches des von mir Erzählten zutreffende Bestätigung.

fristen wiederholt werden. Das Bauchwasser sammelte sich immer wieder und schneller an, ödematöse Anschwellungen der unteren Körpertheile gediehen zu erschreckender Ausdeh=nung, das Liegen wurde in hohem Grade peinlich, die Operationswunde entzündete sich rothlaufartig, das Wasser sickerte, ja floß aus derselben dermaßen, daß es bis in die Mitte des Zimmers rann; allgemach schwanden die Kräfte und — es ging dem Ende zu.

Es wurde ihm beigebracht, dem Gebrauche der katholi=schen Kirche Genüge zu leisten, und er unterzog sich diesem Akte mit stoischer Ruhe. — Von gewissen Leuten*) wurde späterhin erzählt, daß Beethoven bei dem Hinweggehen des Priesters gesagt habe: „Plaudite amici, finita est co-moedia". Schindler äußerte sich bei meinem Besuche in Bockenheim dahin, daß Beethoven es ausgerufen habe, als gelegentlich die Aerzte nach längerer Berathschlagung ein=mal eben weggegangen waren, und mein Gedächtniß bestätigt mit Entschiedenheit diese Erinnerung**). Ich weiß mich auf das Bestimmteste zu entsinnen, daß mein Vater, Schindler und ich anwesend waren, als er die Worte ausgesprochen,

---

*) Auch G. Mensch schreibt es in seiner Beethoven=Biographie nach (Leipzig — Leuckart — 1871, S. 288.)

**) Anselm Hüttenbrenner (gest. zu Graz 1868) schreibt an A. W. Thayer aus Hallerschloß zu Graz am 20. August 1860: „— — —

Es ist nicht wahr, daß ich Beethoven gebeten haben solle, sich mit den Sterbesacramenten versehen zu lassen; wohl aber veranlaßte ich auf Ersuchen der Gattin des verstorbenen Musikverlegers Herrn Tobias Haslinger, daß Beethoven von Jenger und von der Gutsbesitzerin Frau v. Beethoven auf die zarteste Weise gebeten wurde, sich durch den Genuß des h. Abendmahles zu stärken. Daß Beethoven zu mir (der ich bei dem Ausspenden der Sterbesacra=mente am 24. März 1827 Vormittag gar nicht zugegen war) die

und daß er diese Worte in seiner beliebten sarkastisch=humo=
ristischen Weise mit der Absicht citirte, um damit zu ver=
stehen zu geben: Es hilft alles nichts, — es ist aus mit
dem ärztlichen Latein oder wird aus mit dem Leben. —
Ich sehe mich veranlaßt, diese meine bestimmte Erinnerung
absichtlich zu betonen, da ich es erlebt habe, daß überfromme
Leute Beethoven, der, wie aus seinen Randbemerkungen u. a. m.
zu ersehen, ein ideales Gottvertrauen cultivirte, in absprechen=
der Weise deßhalb der Religionsspötterei zeihen wollten. —
Zwei Tage vor dem schließlich wirklich eingetretenen
Lebensende, als die Kräfte sichtlich zu sinken begannen, und
an der schon nahenden Auflösung nicht mehr zu zweifeln
war, machte sich mein Vater Nachmittags an das peinliche
Amt: seinem Ludwig einige nothwendige Papiere zur Unter=
schrift vorzulegen. Lange zögerte noch mein Vater, sich mit
Schindler und Johann berathend, ob dieß Geschäft wirklich
durchzumachen oder vielleicht doch noch aufzuschieben wäre,
damit der Arme es nicht merke, daß es sich bereits darum
handle, seine letzten Handlungen begehen zu müssen. Die
inzwischen wiederholt eingetretenen Trübungen seines Bewußt=
seins aber ließen einerseits denn doch die bald gänzliche Ab=
wesenheit des Denkvermögens um so mehr befürchten, ande=
rerseits gaben sie der Hoffnung Raum, daß Beethoven eben
auch mit weniger Reflexion die Schriften hinnehmen werde.
Das, was er zu unterschreiben hatte, war bereits längst mit

Worte: „Plaudite amici, comoedia finita est" gesprochen haben
solle, ist eine reine Erfindung. Auch zu Andern hat Beethoven
sicherlich keine solche seinem biedern Charakter zuwider laufende
Aeußerung gethan. Wohl aber erzählte mir Frau v. Beethoven am
Todestage ihres Schwagers, daß er nach Empfang der Sterbesacra=
mente zum Pfarrer gesprochen habe: „Geistlicher Herr! ich danke
Ihnen! Sie haben mir Trost gebracht!"

ihm besprochen und von ihm vernommen worden, so, daß
sein Wille gekannt war. Es handelte sich nämlich um das
eigenhändige Unterschreiben seines letzten Willens, dann der
Vormundschaftsübertragung betreffs des Neffen Carl an meinen
Vater, und auch noch um eine dritte Unterschrift — irre ich
nicht — zu einem Briefe an Dr. Bach als Curator der
Verlassenschaft*). Vater, Schindler und Johann bedeu=
teten dem meist schon in Halbschlummer dahin liegenden so=
mit, daß er etwas zu unterschreiben haben werde, schoben
dem nach Möglichkeit aufgerichteten Körper die nöthigen Kis=
sen unter, und, indem mein Vater die eingetauchte Feder ihm
jedesmal neu in die Hand richtete**), wurden ihm die Schrif=

---

*) An Herrn Dr. Bach. Wien, Mittwochs, 3. Januar 1827.
Verehrter Freund! Ich erkläre vor meinem Tode Carl van
Beethoven meinen geliebten Neffen als meinen einzigen Univer=
salerben von allem meinem Hab und Gut, worunter hauptsächlich
7 Bankactien und was sich an Baarem vorfinden wird. — Sollten
die Gesetze hier Modificationen vorschreiben, so suchen sie selbe so
sehr als möglich zu seinem Vortheile zu verwenden — Sie ernenne
ich zu meinem Curator und bitte Sie mit Hofrath Breuning,
seinem Vormunde, Vaterstelle bei ihm zu vertreten — Gott erhalte
Sie — Tausend Dank für Ihre mir bewiesene Liebe und Freund=
schaft. —   Ludwig van Beethoven.
    L. S.
An Seine Wohlgeboren Herrn v. Bach, Dr. der Rechte, wohn=
haft in der Wollzeile.
  **) Gleich meinem Vater bei Beethoven war es mir beschie=
den, Grillparzer's letzte Unterschrift zu leiten. Ich war am 21.
Januar 1872 von 7½ Uhr früh bis Mittags bei dem seit wenig
Tagen in seinen Kräften mit einemmal zusammenbrechenden Dichter.
Kurz vor meinem Weggehen trat Fräulein Josefa Fröhlich in das
Zimmer mit dem Bedeuten: er möge den von der Burgtheater=
Direction übersandten Tantième=Quittungsbogen für das letzte Vier=
teljahr unterschreiben. Grillparzer, in seinem Lehnstuhle lie=
gend, schlug die Augen auf, las die Schrift zwei Mal aufmerksam

ten, eine nach der anderen, unterbreitet. Der Sterbende, der sonst so kräftig und gleichsam lapidarartig geschrieben, unter= schrieb mit wankender Hand mühevoll wiederholt seinen un= sterblichen Namen zum letzten Male, zwar leserlich noch, aber jedesmal einen der mittleren Buchstaben seines Namens vergessend, ein Mal das h, ein ander Mal ein e. — Schindler hätte gerne noch das kürzlich von ihm zum Geschenke erhal= tene Partitur=Manuscript der ursprünglichen Fidelio=Ouver= türe *) mit seiner allerletzten Unterschrift unterfertigen lassen wollen; doch die Bemühungen, die vorigen Unterschriften aus= zuführen, hatten Beethoven so sehr erschöpft, und der Mo=

durch, und verlangte nach dem Gelde. Da es der im Vorzimmer harrende Theaterdiener bei sich hatte, ging Fräulein Fröhlich, es zu holen. Als Grillparzer eine vergebliche Anstrengung machte, sich aufzurichten, nahm ich von seinem Schreibepulte ein dickeres Buch (wie ich später gesehen: Voltaire), legte es als Unterlage für das zu unterschreibende Papier auf sein rechtes Knie, gab ihm eine der drei auf dem Schreibzeuge befindlichen Federn in die Hand, unterstützte ihn zu thunlichst aufrechter Körperhaltung, und — er schrieb in dieser Weise, wenngleich mit sehr zitternder Hand, seinen Namen bis zum z. Da entfielen Buch und Quittung seinem Knie; doch, als ich dieselben schnell wieder zurecht gelegt, fügte er das noch fehlende e und r und überdieß sein übliches Manupropria noch hinzu. Da trat Fräulein Fröhlich auch mit dem Gelde ein. Ich erbat mir als Andenken diese Feder, was das Fräulein in gewohn= ter Güte mir gewährte. — Zwei Stunden später — um 1¾ Uhr —, während mein College, Medicinalrath Dr. Preyß, im Zimmer weilte, entschlief Grillparzer in demselben Lehnstuhle. Ich fand ihn, kurz nach 2 Uhr wieder gekommen, nicht mehr unter den Leben= den. — Jene Feder, welche der Verein „die grüne Insel" bald nach dem Tode Grillparzer's erhalten, ist eine jener zwei anderen (alle drei waren Gänsekiele mit angesteckten Stahlspitzen), welche ich auf dem Schreibzeuge liegen gelassen hatte und auch bis nach des hehren Dichters Ende dort verblieben waren.

*) Schindler's Biographie, 3. Aufl., I. Theil, p. 129.

ment war so ergreifend, daß Rührung und Erbarmen sich
paarten, ihn von der Erfüllung dieses Wunsches abstehen zu
machen.

Es war in Wirklichkeit der letztmögliche Zeitraum zur
Vornahme des eben angeführten Actes gewesen; denn, kaum
war Alles durchgeführt, begann die Geistesabwesenheit schnell
immer mehr und mehr zuzunehmen, und stellten sich alle
Anzeichen der Agonie ein. Dieß war Nachmittags um 5 Uhr
am 24. März 1827, nachdem wir von dem Trauerlager
fortgegangen waren.

Am folgenden und zweitfolgenden Tage lag der gewal=
tige Mann unter weit hörbarem Röcheln, bewußtlos in vol=
ler Auflösung begriffen. Sein kräftiger Körper, seine unge=
schwächten (— folglich nicht krank gewesenen s. S. 83 —)
Lungen kämpften riesenhaft mit dem hereinbrechenden Tode.
Der Anblick war ein schrecklicher. Wußte man gleichwohl,
daß der Arme nun zwar nicht mehr leide; so war die Er=
scheinung doch grauenhaft: zu sehen, daß der Edle nunmehr
den zersetzenden Mächten unwiderruflich verfallen, aller gei=
stige Verkehr mit ihm aufgehoben war. Bereits am 25.
März war zu erwarten, daß er während der folgenden Nacht
enden würde; dennoch fanden wir ihn am 26. noch am
Leben, — wo möglich noch heftiger röchelnd als Tags zu=
vor. Dem 26. März 1827 Nachmittags ward es endlich
vorbehalten, die traurige Berühmtheit zu erlangen, Beethoven's
Sterbetag zu werden.

Mein Vater, Schindler, Bruder Johann, ich um=
standen Nachmittags das Bett. Man konnte doch schon
wahrnehmen, wie das Röcheln allmählig schwächer wurde.
Sein Ende war zu wünschen. — Wenngleich es im Verlaufe
dieses Winters noch während der Monate Februar und März
oftmals geschneit hatte, so war doch seit wenigen Tagen der

Schnee vergangen gewesen. Diesen Nachmittag aber thürm=
ten sich gewaltige Wolkenmassen am Himmel auf. Mein
Vater und Schindler, durch die so lange sich hinaus deh=
nenden Sterbe=Erscheinungen arg angegriffen, und die vielerlei
Geschäfte erwägend, die unmittelbar nach Beethoven's
Ende ihre karg gemessene Zeit in Anspruch nehmen würden,
beschlossen, einstweilen eine geeignete Grabstätte ausfindig zu
machen, und entfernten sich aus dem Trauerzimmer. — Vaters
Julie lag auf dem Friedhofe des Ortes Währing (s. S. 25),
auch deren Eltern waren dort begraben und öfter waren
wir dahin gemeinschaftlich gegangen. Es war uns demnach
jener traurige Ort minder fremd, als andere Friedhöfe. Ich
bat somit meinen Vater, auch an diesem Orte für Beethoven
die Ruhestätte zu suchen. Er ging um so williger auf die=
sen Vorschlag ein, als er ja auch einst dort begraben werden
sollte. Doch in der Nähe Julien's und seiner beabsichtig=
ten Grabesstelle fand sich kein leerer Platz mehr, wohl aber
einige Stellen oberhalb der „Ruhestätte der Familie Vering",
— und gerade dieser unvorhergesehene Zufall brachte die
Freunde selbst nach dem Tode einander wieder näher; denn
mein Vater ward nach seinem bald darauf erfolgten Tode
auf Wunsch seines Schwagers Vering (nicht neben Julien,
sondern) in Vering's Gruft gelegt. —

Ich war noch bei dem Sterbenden mit Bruder Johann
und der Wirthschafterin Sali geblieben; es war zwischen 4
und 5 Uhr, als die allenthalben herangetriebenen dichten
Wolkenmassen mehr und mehr das Tageslicht verdunkelten,
und mit einemmal entlud sich unter riesigem Schneegestöber
und Hagel ein heftiges Gewitter. Wie in der unsterblichen
fünften Symphonie, wie in der ewigen neunten, man von
Schlägen sprach, die an den Schicksalspforten pochen sollten,
so schien der Himmel den harten Schlag, den er der Kunst=

welt eben schlug, mit seinen gigantischen Pauken signalisiren
zu wollen. Um 5¼ Uhr wurde ich zu meinem Lehrer nach
Hause gerufen. — Von Minute zu Minute war die endliche
Auflösung zu erwarten; ich nahm den letzten Abschied von
dem Lebenden, — wenigstens noch Athmenden. —

Kaum war ich eine halbe Stunde zu Hause angelangt,
kam auch schon die Wirthschafterin: den um 5¾ Uhr erfolg=
ten Tod uns zu melden. Bei diesem letzten Momente war
Anselm Hüttenbrenner aus Graz zufällig zugegen.*)

Alois Fuchs zeigte mir nach Jahren — nicht lange
vor seinem Tode — eine Aquarell=Zeichnung, welche meinen
Vater, Schindler, Johann, Hüttenbrenner und mich
als Umstehende des sterbenden Beethoven darstellt. —
Es wäre dieß, was den Sterbemoment selbst anbelangt,
also nach Obigem zu berichtigen, was den Sterbenden be=
trifft, aber richtig. — —

Alles, was jetzt noch zu sagen kömmt, gehört nimmer
dem lebenden, noch unter uns weilenden Beethoven, der
persönlich noch mit uns verkehrte, an, sondern lediglich jenem

---

*) Anselm Hüttenbrenner schreibt in dem oben erwähnten
Briefe (20. August 1860) an A. W. Thayer: „— — — — Als
ich am 26. März 1827 gegen 3 Uhr Nachmittag in Beethoven's
Schlafzimmer trat, fand ich da den Herrn Hofrath von Breuning,
dessen Sohn und die Frau van Beethoven, Gattin des Johann
van Beethoven Gutsbesitzers und Apothekers aus Linz, dann meinen
Freund Josef Teltscher, Portraitmaler.

Ich glaube, daß auch Herr Prof. Schindler anwesend war.
Genannte Herren verließen nach einer Weile den mit dem Tode
ringenden Tondichter und hegten wenig Hoffnung, ihn bei ihrer
Wiederkehr noch lebend anzutreffen. In den letzten Augenblicken
Beethoven's war außer der Frau van Beethoven und mir —
Niemand im Sterbezimmer anwesend. — — — — — —“

Antheile, den sein Genius durch ihn, durch seine unsterblichen Schöpfungen sich nachhaltend geschaffen.

Tragödia finita erat. —

Anderen Tags erschien das Parte, von meinem Vater verfaßt*). Danhauser trug sich bei meinem Vater an, die Todtenmaske machen zu dürfen, was auch gewährt wurde. Meines Vaters hierauf bezüglicher Brief findet sich als Facsimile in Schindler's 3. Aufl., II. Band.

An diesem Tage ereignete sich die — vielfältig fälschlich erzählte — Scene im Neben= (Compositions=) Kabinette: Vater war mit Bruder Johann, Schindler und Holz in des Verstorbenen Wohnung gegangen, um nach den nach= gelassenen Papieren, namentlich nach den dem Neffen als Universalerben zufallenden sieben Stück Bankactien zu suchen. Man wußte, daß diese vorhanden sein mußten; aber Niemand hatte Kenntniß, wo sie Beethoven aufbewahrt hatte. Mein

---

*) Einladung zu Ludwig van Beethoven's Leichenbegäng= niß, welches am 29. März um 3 Uhr Nachmittags Statt finden wird. — Man versammelt sich in der Wohnung des Verstorbenen im Schwarzspanierhause Nr. 200, am Glacis vor dem Schottenthore. Der Zug begiebt sich von da nach der Dreifaltigkeits=Kirche bei den P. P. Minoriten in der Alsergasse. —

Die musikalische Welt erlitt den unersetzlichen Verlust des be= rühmten Tondichters am 26. März 1827, Abends gegen 6 Uhr. Beethoven starb an den Folgen der Wassersucht im 56. Jahre seines Alters, nach empfangenen heil. Sacramenten. Der Tag der Exequien wird nachträglich bekannt gemacht von

L. van Beethoven's
Verehrern und Freunden.

(Diese Karte wird in Tob. Haslinger's Musikhandlung ver= theilt.)   Gedruckt bei Anton Strauß.

(Den Wiederbesitz eines Original=Partezettels verdanke ich seit Kurzem einem gütigen Geschenke meines Freundes, Musikdirektors M. Durst.)

Vater war der sicheren Ueberzeugung, sie seien in dem (schon erwähnten) gelben Schreibkästchen zur Seite des Bettkästchens. Als sie weder hier noch sonst irgendwo zu finden gewesen und Johann bereits Bemerkungen fallen ließ, als ob gleichsam nur zum Scheine gesucht würde, kam mein Vater in sehr aufgeregtem Zustande zu Tische nach Hause, um gleich Nachmittags wieder gemeinschaftlich mit den Obgenannten weiter zu suchen. Die Scene mag, Vaters späterer Aeußerung gemäß, nachgerade ziemlich unleiblich geworden sein, als zufällig Holz an einem aus einem Kasten vorstehenden Nagel zog, hierdurch ein Fach und mit ihm die so lange gesuchten Werthpapiere herausfielen.*) —

Abends wurde die Section durch Dr. Joh. Wagner, den Vorgänger Rokitansky's, vorgenommen. Zur genauen Untersuchung der seit so lange schon verödeten Gehörorgane des Titanen im Reiche der Töne wurden beiderseits die Felsentheile der Schläfenknochen durchwegs ausgesägt und mitgenommen. (Wie Hofrath Hyrtl mir kürzlich, als er mir den von ihm aufbewahrten — und seiner Behauptung zu Folge mit allen Documenten der Aechtheit ausgestatteten — Schädel Mozart's gezeigt, erzählte: hatte er diese Gehörorgane damals, als er selbst noch Student war, in einem zugebundenen Glase geraume Zeit hindurch bei dem langjährigen Sectionsdiener Anton Dotter stehen gesehen; — später seien sie verschollen.) — Als Beethoven's Körper behufs der vorzunehmenden Section aus dem Bette gehoben worden, gewahrte man erst, wie sehr der Aermste durchgelegen war. Selten hatte er im ganzen Verlaufe seines

*) Diese Werthpapiere wurden demnach nicht, wie die Grazer Tagespost irrthümlich mittheilte, sammt den Briefen an Gräfin Giulietta Guicciardi in dem „geheimen Fache des jetzt mir gehörenden Schreibpultes" gefunden.

schweren Leidens ein Wort der Klage hören lassen, und nur einmal findet sich in den Conversationsheften eine darauf bezügliche Stelle vor, wo mein Vater eine Salbe zur Heilung einer durchgelegenen Hautstelle verspricht. Mehr und öfter hatte er gegen mich über die Schmerzen geklagt, die er an der entzündeten Operationswunde empfunden. —

Am 28. März lag Beethoven aufgebahrt im zweifensterigen Zimmer vor der Thüre zum Compositionscabinette, mit dem Gesichte gegen die Eintrittsthüre hin gewendet. Das Gesicht war durch den Umstand, daß das Unterkiefergelenk nach herausgesägten Schläfenknochen keinen Halt — weil keine Gelenkpfanne — mehr hatte, sehr entstellt, und jenem des Lebenden wenig mehr ähnelnd (s. Danhauser's sehr getreue lithographirte Portraitzeichnung vom 28. März).

Am 29. März, als ich mit meinem Vater in die Trauerwohnung hinüber ging, und einige Haare Beethoven's abschneiden wollte, — Vater hatte mir dieß erst bis gegen das Ende der Aufbahrung thun zu dürfen zugestanden, um das Aussehen früher nicht zu verunstalten —, fanden wir, daß fremde Hände bereits alle abgeschnitten hatten.*) —

Nachmittags 3 Uhr fand das Leichenbegängniß Statt. Schien Beethoven während seines langen Leidens von den Wienern nahezu vergessen, so hatte die Kunde seines Todes die Bevölkerung aus ihrer Theilnahmlosigkeit gewaltig aufgerüttelt. Schon ein Paar Stunden vor der anberaumten Zeit hatte sich eine Menschenmenge massenhaft vor dem Schwarzspanierhause angesammelt, und unaufhörlich strömten aus allen Richtungen reihenweise Theilnehmende und Neu-

---

*) Anders verhielt sich dieß bei Schubert. Als dessen irdische Reste am 13. October 1863 exhumirt wurden, fanden wir dessen Haare in dichter Menge, von einem Blumenkranze umwunden und durch ein Kammbruchstück zusammengesteckt, erhalten vor.

gierige hinzu. Wohl bei 20,000 Menschen deckten gedrängt
den Raum vom Hause bis etwa gegen die Stelle des Glacis,
wo dermalen die Votivkirche sich erhebt. Alle Kunstnotabili=
täten hatten sich eingefunden. Die Sänger der eben —
unter Barbaja's Direction — in Wien bestandenen treff=
lichen Italienischen Oper hatten erklärt, am Sarge singen zu
wollen. Das Drängen und Wogen der Menschenmenge nahm
beispiellos zu. — Als der Sarg über die Treppe getragen
und hinter dem Hauseingange im Hofe hingestellt worden,
wo nunmehr die rundum sich aufstellenden Italienischen Sän=
ger einen Trauergesang anstimmen wollten, begann man der=
art in das Haus zu stürmen, daß ob des Lärmens nichts zu
vernehmen gewesen wäre. In Voraussicht des Gedränges
hatte mein Vater kurz zuvor aus der nahen Alserkaserne
einiges Militair erbeten und jetzt das Hausthor sperren las=
sen. Als aber nach beendeter Gesangsfeierlichkeit der Sarg
gehoben, und das Thor wieder geöffnet worden war, stürzte
die Menge aus dem Hofe und von der Straße derart wei=
ters hinzu und dem Sarge sich anschließend nach, daß wir
Nächst=Leidtragenden: Bruder Johann, Vater, Schindler,
ich, anstatt unmittelbar hinter dem Sarge, erst dann und
zwar weit rückwärts, in die nur halbwegs zu ermöglichende
Reihe einzutreten gelangten, nachdem der Sarg schon nahe
der Ecke des Rothen Hauses gekommen war. Acht Kapell=
meister: Eibler, Hummel, Seyfried, Kreutzer, Weigl,
Gyrowetz, Würfel und Gänsbacher, hielten die Enden
des Bahrtuches. (Sehr richtig sagt Ferd. Hiller in seiner
„Denkschrift" und in der Kölnischen Zeitung [Dec. 1871]):
„Der Sarg war mit Kränzen bedeckt — Orden lagen keine
darauf — Beethoven hatte nie einen erhalten."*)) Eine

---

*) Es wurde mir einst erzählt, daß, als Beethoven seiner

große Anzahl von Tonkünstlern umgab den Sarg, Kerzen
tragend. Der Zug schien endlos; die Volksmassen, die sich
in Bewegung gesetzt hatten, zählten nach Tausenden; ganz
Wien schien auf dem Wege zu sein. — Es ertönte Beethoven's
Trauermarsch (aus der Claviersonate, op. 26), als der Sarg
um die Ecke des Rothen Hauses bog, und es ging nach der
Pfarrkirche in der Alserstraße. — Dort an den Stufen zur
Kirche vermehrte sich das Drängen in gleicher Weise, wie
zuvor am Schwarzspanierhause, und der erbetene militairische
Schutz hatte sich in seiner abwehrenden Bemühung nun auch
abermals gegen uns gewendet, so daß wir nur unter Hin=
weisung auf unsere umflorten Hüte und mit gewaltiger An=
strengung endlich auch in die bereits überfüllte Kirche zu ge=
langen vermochten.

Nach hier erfolgter feierlicher Einsegnung ging der Zug
dann nach dem Währinger Ortsfriedhofe, wo an der Grabes=
stelle die von Beethoven's Freunde Grillparzer gedichtete
Grabesrede hätte gesprochen werden sollen. Doch, da es da=
mals untersagt war, auf dem geheiligten Orte selbst Reden
halten zu dürfen, sprach Heinrich Anschütz die ergreifende
Rede in weihevoller Sprache am Sarge vor dem Friedhof=
thore. Es fehlte der Thränen wahrlich nicht, nicht hier,

Zeit befragt worden sei: ob er für die Widmung der neunten Sym=
phonie an König Friedrich Wilhelm III. einen Orden oder Geld
von ihm zu erhalten wünsche, er ohne viel Nachsinnen erwidert
haben soll: „Geld". — In wie weit dies auf Wahrheit beruht, weiß
ich nicht; doch schreibt Beethoven am 7. October 1826 an Wege=
ler: „Man hat mir da etwas von dem Rothen Adler= Orden zwei=
ter Klasse hören lassen; wie es ausgehen wird, weiß ich nicht; denn
nie habe ich derlei Ehrenbezeugungen gesucht, doch wäre sie mir in die=
sem Zeitalter wegen manches Andern nicht unlieb." (S. Wegeler's
Notizen S. 50.) — Er erhielt einen Ring mit unterschobenen minder
werthvollen Steinen.

8*

nicht am Grabe selbst, als der mächtige Titane in die enge
Grube gesenkt ward und seine Freunde und Verehrer über
seine Hülle die erste Erde warfen. —

Vielfach hatte man in diesen Tagen vernommen, daß
man einen Preis geboten, Beethoven's Schädel erhalten zu
können, und zwar so nachdrücklich hatte sich dieß Gerücht
verbreitet gehabt, daß mein Vater mit Johann, Schindler,
Holz sich besprochen hatte, ob es nicht gerathen wäre, den
Sarg verkehrt zu versenken, d. h. mit dem Fußende der
Umfriedungsmauer zugewendet, damit nicht etwa, trotzdem
bereits angeordnet worden war, für mehrere der ersten Nächte
einen Grabwächter zu bestellen, dennoch — bei allfälliger
Schläfrigkeit desselben — von Außen her unter die Mauer
hindurch mit Erfolg nach dem Kopfe gegraben werden könnte.
Doch man stand schließlich von der Ausführung dieses Vor=
habens ab.

Grillparzer's Worte,
gesprochen am Grabe Beethoven's
durch Anschütz,

waren folgende (wie Grillparzer sie damals meinem Vater
auf sein persönliches Ansuchen mitgetheilt und ich sie gleich
abgeschrieben habe):

Indem wir hier am Grabe dieses Verblichenen stehen,
sind wir gleichsam die Repräsentanten einer ganzen Nation,
des deutschen gesammten Volkes, trauernd über den Fall der
einen hochgefeierten Hälfte dessen, was uns übrig blieb von
dem dahingeschwundenen Glanz heimischer Kunst, vaterlän=
discher Geistesblüthe. Noch lebt zwar — und möge er lange
leben! — der Held des Sanges in deutscher Sprache und
Zunge; aber der letzte Meister des tönenden Liedes, der
Tonkunst holder Mund, der Erbe und Erweiterer von Hän=

del und Bach's, von Haydn und Mozart's unsterblichem
Ruhme hat ausgelebt, und wir stehen weinend an den zer=
riſſenen Saiten des verklungenen Spiels.

Des verklungenen Spiels! Laßt mich ihn ſo nennen!
Denn ein Künſtler war er, und was er war, war er nur
durch die Kunſt. Des Lebens Stacheln hatten tief ihn ver=
wundet, und wie der Schiffbrüchige das Ufer umklammert,
ſo floh er in deinen Arm, o du des Guten und Wahren
gleich herrliche Schweſter, des Leides Tröſterin, von oben
ſtammende Kunſt. Feſt hielt er an dir, und ſelbſt als die
Pforte geschloſſen war, durch die du eingetreten bei ihm und
ſprachſt zu ihm, als er blind geworden war für deine Züge,
durch ſein taubes Ohr, trug er noch immer dein Bild im
Herzen, und als er ſtarb, lag's noch an ſeiner Bruſt.

Ein Künſtler war er, und wer ſteht auf neben ihm?

Wie der Behemoth die Meere durchſtürmt, ſo durchflog
er die Gränzen ſeiner Kunſt. Vom Girren der Taube bis
zum Rollen des Donners, von der spitzfindigſten Verwebung
eigenſinniger Kunſtmittel bis zu dem furchtbaren Punct, wo
das Gebildete übergeht in die regelloſe Willkür ſtreitender
Naturgewalten, alles hatte er durchmeſſen, alles erfaßt. Der
nach ihm kommt, wird nicht fortſetzen, er wird anfangen
müſſen; denn ſein Vorgänger hörte nur auf, wo die Kunſt aufhört.

Adelaide und Leonore! Feier der Helden von Vittoria
und des Meßopfers gläubiges*) Lied! — Kinder ihr der
drei= und vier=getheilten Stimmen! Brauſende Symphonie:
„Freude, ſchöner Götterfunken,“ du Schwanengeſang! Muſe
der Lieder**) und des Saitenspiels! ſtellt euch rings um ſein
Grab und beſtreut's mit Lorbeeren!

*) In der Geſammtausgabe der Werke Grillparzer's heißt
es: demüthiges.
**) In der Geſammtausgabe: Muſe des Liedes.

Ein Künstler war er, aber auch ein Mensch, Mensch in jedem, im höchsten Sinn. Weil er von der Welt sich ab= schloß, nannten sie ihn feindselig, und weil er der Empfin= dung aus dem Wege ging, gefühllos. Ach, wer sich hart weiß, der flieht nicht, sondern steht, und stößt ab! Gerade die zartesten Spitzen sind es*), die am leichtesten sich ab= stumpfen und biegen oder brechen. Das Uebermaß der Empfindung weicht der Empfindung aus! Wenn er die Welt floh, so war's, weil er in den Tiefen seines liebenden Ge= müths keinen Stützpunkt fand, sich ihr zu widersetzen; wenn er sich den Menschen entzog, so geschah's, weil sie nicht hinauf wollten zu ihm, und er nicht herab konnte zu ihnen. Er war einsam, weil er kein Zweites fand. Aber bis zum Tode bewahrte er ein menschliches Herz allen Menschen, ein väterliches den Seinen, Gut und Blut aller Welt.**)

So war er, so starb er, so wird er leben für alle Zeiten.

Ihr aber, die ihr unserem Begängnisse gefolgt bis hier= her, gebietet euerer Trauer. Denn kein niederdrückendes, ein erhebendes Gefühl ist es, zu stehen am Sarge des Mannes, von dem man sagen darf, wie von keinem: er hat Großes geleistet, und kein Tadel war an ihm. Geht von hier trauernd, aber gefaßt. Nehmt mit euch — eine Blume von seinem Grabe — das Andenken an ihn und sein Wirken.

---

*) In der Gesammtausgabe: Ach, wer sich hart weiß, der flieht nicht! Die feinsten Spitzen sind es, die u. s. w.

**) In der Gesammtausgabe: Er floh die Welt, weil er in dem ganzen Bereich seines liebenden Gemüthes keine Waffe fand, sich ihr zu widersetzen. Er entzog sich den Menschen, nachdem er ihnen alles gegeben und nichts dafür empfangen hatte. Er blieb einsam, weil er kein zweites Ich fand. Aber bis an sein Grab bewahrte er ein menschliches Herz allen Menschen, ein väterliches den Seinen, Gut und Blut der ganzen Welt.

Und wenn euch je im Leben, wie der kommende Sturm, die Gewalt seiner Schöpfungen übermannt, so ruft es zurück, das Andenken an heute, das Andenken an ihn, der so Großes geleistet, und an dem kein Tadel war. —*)

———————

Von anderen an diesem großen Trauertage veröffent= lichten und vertheilten dichterischen Nachrufen führe ich noch an:

Beethoven.

Gedicht von Johann Gabriel Seidl.

Ihr habt ihn selbst gehört! Kaum ausgeklungen
Hat noch die Red', in der er mit euch sprach. —
Ihr habt ihn selbst gehört! Mit tausend Zungen
Rief er die Engel des Gefühls Euch nach.

Ihr habt ihn selbst gehört! — Gehört? — Gesehen:
Denn wer ihn hört — der sieht auch die Gestalt
Des edlen Meisters vor der Seele stehen!
Kein Maler malt ihn, wie er selbst sich malt.

———————

*) In der Gesammtausgabe: Ihr aber, die ihr unserem Geleite gefolgt bis hierher, gebietet eurem Schmerz! Nicht verloren habt ihr ihn, ihr habt ihn gewonnen. Kein Lebendiger tritt in die Hallen der Unsterblichkeit ein. Der Leib muß fallen, dann erst öffnen sich ihre Pforten. Den ihr betrauert, er steht von nun an unter den Großen aller Zeiten, unantastbar für immer. Drum kehrt nach Hause, betrübt aber gefaßt! Und wenn euch je im Leben, wie der kommende Sturm, die Gewalt seiner Schöpfungen übermannt, wenn euer Entzücken dahin strömt in der Mitte eines jetzt noch ungeborenen Geschlechts, so erinnert euch dieser Stunde und denkt: wir waren dabei, als sie ihn begruben, und als er starb, haben wir geweint.

Zu seinen Farben nimmt er sich die Klänge:
Zum Grund, auf dem er malt — das Menschenherz.
Drein prägt er mit dem Pinsel der Gesänge
Sein ganzes Seyn, — sein Bild in Lust und Schmerz.

Hört seiner Kraft gewaltig ernste Ströme
Und Ihr erblickt den Mann voll Ernst und Kraft,
Ihr hört sein Lied, und fühlt es: er beschäme
Der Jünglingsseele süße Leidenschaft!

Hört seines Schlachtendonners mächtig Dröhnen,
Und Ihr erblickt den kampfbereiten Geist;
Hört seines Opferchores Psalme tönen,
Ihr seht ein Herz, das Gottes Thron umkreis't.

Bald wie die Unschuld hascht nach Schmetterlingen,
Hascht er nach Klängen, läßt sie wieder flieh'n,
Verfolgt sich selbst in ewig ander'm Ringen,
Und schmilzt am End' in weicher Sehnsucht hin!

Bald greift er in des Lebens Weltmeer nieder,
Und spiegelt seinen Kampf und seine Ruh'; —
Bald neckt er sich und uns und sich dann wieder,
Und hüpft durch Spiel dem ew'gen Ernste zu.

Taub für des äußern Leben wüstes Toben,
Schließt er das Ohr dem inn'ren Leben auf;
Wir seh'n ihn, schwindelnd, unser'm Kreis enthoben, —
Ein neuer Flug ist uns sein schwächster Lauf.

Das Fremde zwingt er, freundlich sich zu einen,
Er fühlt durch den Verstand, er denkt durch's Herz;
Er lehrt uns neuen Jubel, neues Weinen,
Ein neu Gebet und einen neuen Scherz.

Wir kamen her zur Todtenfeier
Mit heil'ger Thränen fromm versparrtem Rest;
Wir sah'n ihn, — und es reißt der Grabesschleier, —
Die Todtenfeier wird ein Lebensfest!

Er lebt! — Es lügt, wer ihn gestorben nennt!
Der Sonne gleich, die kommt, entzückt, verklärt,
Und — wenn ihr Tagwerk um — sich von uns trennt:
So kam auch er — so ist er heimgekehrt!

Er lebt! Sein Leben sind ja seine Töne;
Das reißt kein Gott mehr aus der Brust der Welt!
Auf Enkel erbt sich's fort und Enkelssöhne,
Die's wohl noch tiefer als den Ahn beseelt!

Er lebt! Ihr sah't ihn, hörtet ihn, und höret
Nun wieder ihn — mein matter Kranz verblüht:
Die einz'ge Feier, die ihn würdig ehret,
Begeht er selber sich mit seinem Lied!

———————

Außerdem ward noch ein Gedicht vom Freiherrn von
Schlechta vertheilt, und weiters:

Bey

Ludwig van Beethoven's Leichenbegängnisse

am 29. März 1827.

Von J. F. Castelli.

Achtung allen Thränen, welche fließen,
　Wenn ein braver Mann zu Grabe ging,
　Wenn die Freunde Trauerreihen schließen,
　Die der Selige mit Lieb' umfing.

Doch der Trauerzug, der heute wallet,
　Strecket sich, so weit das Himmelszelt
Erd' umspannt, so weit ein Ton erschallet,
　Und um diesen Todten weint die Welt.

Doch um Euch allein nur müßt ihr klagen! —
　Wer so hoch im Heiligthume stand,
Kann den Staub nicht mehr, — er ihn nicht tragen,
　Und der Geist sehnt sich in's Heimathland.

Darum rief die Muse ihn nach oben
Und an ihrer Seite sitzt er dort,
Und an ihrem Throne hört er droben
Tönen seinen eigenen Accord.

Aber hier sein Angedenken weilet,
Und sein Name lebt im Ruhmes=Licht,
Wer, wie er, der Zeit ist vorgeeilet,
Den ereilt die Zeit zerstörend nicht.

Unmittelbar nach dem beendeten Trauergeleite ereignete
sich aber folgender ahnungsvoller Vorfall: Franz Schubert,
Benedict Randhartinger und Franz Lachner gingen zu=
sammen in das Gasthaus zur „Mehlgrube" am Neuen Markt.
Man bestellte Wein, und Schubert erhob das gefüllte Glas
mit dem Ausrufe: „Auf das Andenken unseres unsterblichen
Beethoven!" und, als die Gläser geleert waren, füllte er es
zum anderen Male, ausrufend: „Nun, und dieses auf den=
jenigen von uns Dreien, der unserem Beethoven der Erste
nachfolgen wird!" — Und er hatte wahrlich in prophetischem
Geiste die Todesahnung leider sich gesprochen; denn schon im
folgenden Jahre: 1828 am 19. November starb auch dieser
Ton=Genius, von welchem Beethoven auf dem Sterbebette
gesagt: „Wahrhaftig, in dem Schubert wohnt der göttliche
Funke." Und nur fünf Gräber seitwärts, oberhalb seinem
großen Vorbilde, hatte auch er die — in seinen Fieberphan=
tasieen — „zunächst Beethoven" gewünschte Ruhestätte er=
halten.

Zunächst der Bestattungsfeier folgte nach einigen Tagen
(3. April) die kirchliche Feier des Seelenamtes. In der
k. k. Hofpfarrkirche der Augustiner sollte Mozart's unsterb=
liches Requiem für den unsterblicheren Beethoven abgehalten
werden, und dabei die italienischen Sänger mitwirken. Der

Impressario Barbaja hatte jedwedes öffentliche Singen seiner engagirten Sänger außer dem Theater contractlich un=tersagt. Der dawider Handelnde verfiel einem Pönale von 200 Gulden. Der unübertroffene Lablache jedoch erklärte in seiner Begeisterung für Beethoven's Manen — unter so=fortiger Uebersendung der 200 Gulden an Barbaja — kurzweg und bündig: daß er singen werde. Die Kirche faßte kaum die sich versammelnde Menschenmenge. Ich stand mit meinem Vater an Canova's Denkmal für Christinen, an=geblich dem akustischesten Orte in dieser Kirche. Niemals hat irgend Jemand das Dies irae so wieder singen hören, eine so weihevolle Aufführung des Requiems erlebt, als an jenem Tage. Lablache's Stimme zur Posaune, der er=greifende Moment — Alles wirkte erschütternd zusammen.

Am 5. April ward ferner in der Karlskirche Cheru=bini's Requiem zu gleicher Feier aufgeführt.

Doch wie um so schmerzlicher berührte es uns, schon nach wenig Tagen — noch in demselben Monate April — die für uns geheiligten Räume im Schwarzspanierhause durch die Lizitation der Hausgegenstände aus Beethoven's Nach=lasse entweiht zu sehen. Eine jämmerliche Anzahl von Tröd=lern hatte sich eingefunden, und die unter den Hammer ge=brachten Kleidungsstücke wurden herumgezerrt, die Meubel beschnuppert, kurz Alles herumgestoßen und verfeilscht. Mein schon während Beethoven's Krankheit, wie aus den Conver=sationsheften zu ersehen, wiederholt leidend gewesener Vater that sich die Gewalt an, derselben nach Thunlichkeit beizu=wohnen, „damit der Erbe nicht durch allenfalsige Unterschleife in seinem Interesse verkürzt werde." Ich begleitete ihn. Es ward uns gewaltig enge um's Herz. Das schwarze und das gelbe Kästchen, das wir dem Lebenden so oft in's Bett gereicht, erstand mein Vater — mitlizitirend für sich, den

Schreiberollpult, der im Cabinette links vom Eingangs=
zimmer gestanden, sammt Stellage aus dem Schlafzimmer
erstand er für seinen Freund Hofrath Baron Neustädter
(er kam nach dessen Tode in meinen Besitz), den Obersschöpfer
erstand er für meinen Clavierlehrer Anton Heller (auch
dieser Löffel kam, nachdem Heller darauf „A. H.“ einer=
seits und andererseits „L. v. Beethoven, gestorben am
26. März 1527“ — graviren ließ, nach dessen Tode in
meinen Besitz). Graf's Clavier ward von dem Fabrikanten
zurückgenommen; Broadwood's Clavier, das zur Ver=
äußerung kam, kaufte mein Vater nicht, weil es nur bis zum
C ging, und den Anforderungen der neuen — Beethoven'=
schen Zeit somit nicht mehr entsprach. Den Bibliothekkasten
aus dem Compositionskabinette dürfte gleich damals ein Fräu=
lein Annacker erstanden haben; denn nach ihrem Tode kam
aus ihrer Verlassenschaft A. W. Thayer in dessen Besitz.
(s. S. 59.)

Ich aber erhielt noch die lithographische Abbildung der
Beethoven=Medaille Ludwig's XVIII. in schwarzem Rahmen,
eine Magnetnadel, und zwei Damenportraits, deren eines
der noch lebende Graf Gallenberg als jenes seiner Mutter
(geborene Giulietta Guicciardi) erkannte.

In Folge dieser — gemüthsaufregenden — Verstei=
gerung in Beethoven's Sterbezimmer erlitt mein Vater als=
bald eine Recidive, er ward leberkrank in schleichend=entzünd=
licher Weise, bald bettlägerig, und — am 4. Juni desselben
Jahres Nachts 12 Uhr — um dieselbe nächtliche Stunde,
wie seine Julie — folgte er seinem hehren Freunde in das
Jenseits. —

Hierdurch ward ich in eine ganz veränderte Lebensrich=
tung gebracht, und, noch nicht 14 Jahre alt, geschah es mir, daß
ich von der Ausschreibung der zweiten Lizitation (November

1827): — des geistigen Nachlasses Beethoven's — erst
hinterher Kenntniß erhielt; daher nichts von allen den kost=
baren Manuscripten und Autographen besitze, welche in An=
derer Hände gelangten, durchgehends auf wohlfeile, mitunter
auf gar billige Art; um so weniger, als mein Vater mir
strengstens untersagt hatte, das Mindeste mir anzueignen von
alle dem, das mir der lebende Beethoven mit vollen Händen
geschenkt haben würde, wenn ich, damals daran denkend, ihn
darum gebeten hätte. —

Ein im Saale der Landstände zu Wien veranstaltetes
Concert, durchwegs des Dahingeschiedenen Compositionen vor=
führend, hatte den Zweck, ein Grabmonument von dem Er=
trage zu errichten. — Vor demselben stand bis vor wenig
Jahren eine Art Weidenbäumchen, dessen einzelne Blätter als
gepflückte Andenken wohl allenthalben in der Welt verbreitet
sich vorfinden mögen, das aber vor einigen Jahren abdorrte.
— Das Gitter um das Grab ist eine Zuthat aus dem Jahre
der Exhumirung: 1863. —

Eine ganz absonderlich naive Rolle spielte einige Jahre
hindurch nach des großen „Hirnbesitzers" Tode dessen Bruder
„Gutsbesitzer". Hatte sich dieser während Ludwig's Leben
und Schaffen für dessen Werke nur ob des daraus erzielbaren
Gewinnes interessirt, so strebte er es nunmehr an, den an=
erkennenden Bewunderer derselben zur Schau zu tragen. In
der ersten Bank des Concertsaales bei den Aufführungen der
Tondichtungen seines verstorbenen Bruders, stattlich heraus=
geputzt (blauer Frack, weiße Weste), sitzend, ließ er nach deren
jedesmaliger Beendigung laut kreischende Bravi aus seinem
breit aufklappenden Munde erschallen, wuchtig dazu mit seinen
knochigen, weiß= aber plump behandschuheten Händen klatschend.
Diese übergroßen, Finger=überbogenen Handschuhe waren aber
auch noch anderweitig vielfach zu sehen; namentlich machten

sie sich und ihren Träger weithin bei den eleganten Prater=
fahrten bemerkbar, wo Johann zwei, meistentheils auch vier
plumpe, schwer=beschirrte Braune von der Höhe eines alt=
modischen Phaëtons aus, auf dem er dann steif saß, eigen=
händig kutschirte, oder in dem er, wenn sich fahren lassend,
wie hingegossen lehnte, — hinter sich zwei breit=, aber ver=
schossen gold=galonirte Diener auf dem zweiten Wagensitze.
Von diesen ging die Sage, daß nur der eine der Kutscher,
der andere aber der für solche Spazierfahrt jedesmal beson=
ders zum Lakaien costumirte Hausmeister aus seinem Wohn=
hause in der Alleegasse gewesen sei. Pferdegeschirre und die
beiden Livréen, welche ihrer Qualität und Schnitte nach dem
Trödelmarkte entnommen waren, sollen übrigens, wenn eben
außer Gebrauch, in Johann's Vorzimmer aufbewahrt ge=
hangen haben. Solcher Aufzug und überhaupt die Gesammt=
Erscheinung dieses, Ludwig auch körperlich ganz unähnlichen,
Bruders Johann (langes Gesicht, große Nase, ein Auge
nach Außen schielend, den breiten Mund mit dem einen Winkel
stätig schief aufwärts gezogen, was seinem Gesichte den Aus=
druck stets selbstgefälligen Lächelns gab) erwarben ihm allge=
mein den Spitznamen „Erzherzog Lorenz", nach dem be=
kannten Sprichworte, daß man bei einem schön auszusehen sich
bestrebenden, carricirt sich benehmenden Menschen bedauere:
daß ihm nichts weiter abgehe, als schade, daß er nicht Lorenz
heiße. Johann starb in Wien im Januar 1848. So wenig
achtungswerth er sich zu Lebzeiten seines Bruders erwiesen,
so lächerlich hat er sich nach dessen Tode gezeigt. Die
Witwe des Neffen Carl besitzt sein getroffenes Portrait.

    Seine mehrfach berüchtigte Schwägerin, die Witwe
des Bruders Caspar Carl, starb erst vor wenig Jahren
in Baden bei Wien.

    Von ihrem Sohne, dem Neffen Carl lebt noch — wie

bereits erwähnt — die Witwe, ein Sohn Ludwig und vier achtbare Töchte; von diesen drei verheirathet. Im Gesichts=ausdrucke der jüngsten (noch ledigen) wollen Thayer und ich manche Aehnlichkeit mit dem unsterblichen Großonkel finden. — Nachdem endlich im Jahre 1845 Bonn die Bronze=Statue seines großen Sohnes aus Hähnel's Künstlerhand und unter großmüthiger Mitwirkung Franz Liszt's, auch der „Beethovenweg" bei Heiligenstadt (nächst Wien) durch Kunst=freunde — unter thätiger Mitwirkung des Hofkapellmeisters B. Randhartinger — eine Bronzebüste aus Fernkorn's Atelier erhalten, veranlaßte die hingeworfene Bemerkung unseres Violinvirtuosen und artistischen Directors Jos. Hellmes=berger: „Beethoven's und Schubert's Gräber wären viel=fachen Unbilden allzusehr ausgesetzt", die Direction der Ge=sellschaft der Musikfreunde in Wien zu einer commissionellen Besichtigung dieser beiden Grabstellen, und, im weiteren Ver=laufe der Debatte, zu dem Beschlusse: „die irdischen Ueber=reste Beethoven's und Schubert's vor dem Umsichgreifen wei=terer Verwesung zu sichern." (Siehe: „Actenmäßige Dar=stellung der Ausgrabung und Wiederbeisetzung der irdischen Reste von Beethoven und Schubert. Veranlaßt durch die Direction der Gesellschaft der Musikfreunde des österreichischen Kaiserstaates. im October 1863." Wien, bei Gerold, 1863.) —

Von medicinischem Standpunkte drängt es mich bei dieser Ausgrabung, (welcher von den in Wien anwesenden Mitgliedern meiner Familie auch mein Sohn Gerhard und meine jüngere Schwester Marie beigewohnt hatten) aber weiters noch ein Paar Randbemerkungen hinzuzufügen, welche in der „Acten=mäßigen Darstellung" minder hervorgehoben erscheinen: Es war physiologisch höchst interessant, die compacte Dicke des Beethoven'schen und hingegen die zarte geradezu weibliche

Dünne der Schädeldecken Schubert's mit dem Ausdrucke ihres
Musikcharakters in der That in geradem Verhältnisse über=
einstimmend zu finden. Außerdem zeigte sich die Gaumen=
fläche Beethoven's ausnahmsweise eben und die obere Zahn=
reihe in überraschender Weise nach vorne zu fast in gerader
(horizontaler) Richtung aus ihr hervortretend, was im Leben
durchaus nicht mehr als durch wulstige Vorbildung des Mun=
des zu bemerken war. Ebenso ist besonders bemerkenswerth,
daß sich der letzte untere linksseitige Mahlzahn sehr gut mit
Gold plombirt vorgefunden. Es erscheint dieß in doppelter
Beziehung auffällig; denn es gehört zur Ausnahme, daß zu
jener Zeit (in den 20er Jahren) schon — wenn auch nur
mitunter — so gut plombirt worden, und es nimmt überdieß
wahrlich Wunder, daß Beethoven's Geduld zur Vornahme
solch immerhin Geduld erheischender Operation ausharrte. —
Die Schädel Beethoven's und Schubert's wurden bei dieser
Gelegenheit durch J. B. Rottmayer (jetzt in Triest) photo=
graphirt), Gypsabgüsse durch Bildhauer Wittmann (jetzt in
Schwechat bei Wien) angefertigt, und, wenn Beethoven's
Schädel Zahnlücken weist, während er doch im Leben deren
nicht hatte, ist es die Folge, weil bei der Exhumirung einige
Zähne nicht aufgefunden worden waren. — Es ward dieß
Alles binnen neun Tagen — vom 13 bis 22. October —
bewerkstelligt. Ich — als Directionsmitglied an der Gesell=
schaft der Musikfreunde — hatte die Verwahrung des Schä=
dels Beethoven's, wie mein College Dr. Standthartner
jene Schubert's, zu diesem Behufe übernommen. Welch auf=
regende Gefühle beherrschten damals mein Gemüthsleben,
mächtig alle Erinnerungen wach rufend, als ich diese kurze
Zeit hindurch im Besitze jenes Kopfes gewesen, ihn von den
ihm anklebenden Erdtheilen reinigte, Gypsabdrücke von dessen
Schädelbasis für Professor Romeo Seligmann abnahm,

ihn Nachts neben meinem Bette verwahrte, kurz jenen todten
Kopf stolz bewachte, aus dessen Munde ich vor Jahren so
oft das lebende Wort vernommen! — —

Erst lange nach Beethoven's Lebenszeit, während welcher
gar viele, ja die meisten der eben hervorragendsten Werke,
als nie verstanden, geradezu bei Seite gelegt worden waren,
(man denke nur an das Schicksal des Violin-Concertes, der
D-Messe, ja selbst der neunten Symphonie und des Fidelio,
u. s. w., u. s. w., der letzten — wie man sie zu bezeichnen
lange beliebte: „verrückten" Quartette gar nicht zu erwähnen),
gelang es endlich von Beginn der 1840er Jahre an den un-
ermüdeten Bemühungen eines Otto Nicolai, Jos. Hellmesberger, Frau Clara Schumann, Joh. Herbeck,
Otto Dessoff u. a. durch beharrliche Vorführungen dieser
Meisterdichtungen die Beethoven'sche Muse in Wien zum
Verständniß und Genusse ihrer Erhabenheit und Bedeutung
zu erheben, und die glänzendsten Aufführungen dieser idealen
Tonwerke, deren Zahl J. Hellmesberger ganz kürzlich
noch durch Entdeckung und treffliche Ausführung eines neuen
Juwels: des ersten Satzes eines anderen Violin-Concertes
nämlich (im Archive der Gesellschaft der Musikfreunde Wien's),
bereicherte, lohnen jetzt in sich drängender Folge die daran
sich nimmer sättigenden Zuhörer.